研发费用加计扣除基础管理体系构建

——以油气田企业为例

冯 勐 王富平 张 鸥 任丽梅 辜 穗 著

石油工业出版社

内 容 提 要

本书基于中国加强研发费用加计扣除政策激励、研发经费投入绩效考核、研发项目全生命周期管理水平的背景下，通过对研发费用加计扣除工作现状、政策效应和实施风险机制分析，以中国石油天然气集团有限公司的油气田企业为例，坚持业财税基础管理一体化管理理念，立足于科学研究类和试验发展类项目分级分类管理，从研发项目立项、实施、验收、成本归集与核算到纳税申报等基础管理工作体系把控，探索油气田企业加计扣除基础管理建设的理论与实践问题。

本书可以为能源科技项目管理者、科技成本管理人员、加计扣除工作人员等提供参考，也可供相关专业及领域的高校师生和研究者参考。

图书在版编目（CIP）数据

研发费用加计扣除基础管理体系构建：以油气田企业为例 / 冯勐等著. —北京：石油工业出版社，2023.10

ISBN 978–7–5183–6398–8

Ⅰ.①研… Ⅱ.①冯… Ⅲ.①石油企业–技术开发–科技经费–税收政策–中国 Ⅳ.①F812.422

中国国家版本馆 CIP 数据核字（2023）第 211701 号

研发费用加计扣除基础管理体系构建——以油气田企业为例
冯 勐 王富平 张 鸥 任丽梅 辜 穗 著

出版发行：石油工业出版社
　　　　　（北京市朝阳区安华里二区 1 号楼 100011）
网　　址：www.petropub.com
编 辑 部：（010）64523570　　图书营销中心：（010）64523633
经　　销：全国新华书店
印　　刷：北京中石油彩色印刷有限责任公司

2023 年 10 月第 1 版　　2023 年 10 月第 1 次印刷
740 毫米 × 1060 毫米　开本：1/16　印张：11.75
字数：120 千字

定　价：98.00 元
（如发现印装质量问题，我社图书营销中心负责调换）
版权所有，翻印必究

前　言

1996年至今，中国研发费用加计扣除政策体系历经5个阶段，发生了许多变革。近年来，国务院国有资产监督管理委员会（简称国资委）和油气集团企业更加重视能源供应安全，把研发经费投入强度指标列入年度绩效考核指标，对提升研发项目全生命周期管理水平、增加自主研发经费投入、强化研发项目全成本管理、加强研发费用加计扣除基础管理工作等提出更高要求。

研发费用加计扣除不仅仅只是财务和税务处理过程，实质上是企业对研发项目从立项、实施、验收、成本归集与核算到纳税申报的整体把控。其主要业务流程包括：(1)可加计扣除业务判断。(2)研发项目全生命周期管理。(3)新技术、新产品、新工艺（简称"三新"）项目鉴定与管理。规范研发活动识别界定，严格按科技项目进行计划、立项、预算、实施、验收全过程管理。(4)"三新"项目预算与核算管理。(5)"三新"项目税额计算申报。

目前，油气田企业研发项目全生命周期管理处于探索期，科技项目与研发项目全生命周期划分不够清晰，"三新"项目鉴定有待进一步规范，油气田工程项目中研发项目与成本管理较薄弱，加计扣除基础资料整理和备案有待加强。因此，研发费用加计扣除部分基础管理工作任重道远。

不同研发项目对研发经费投入强度和加计扣除节税额度的影响不同，应分类进行全生命周期管理，以促进加计扣除工作顺利实施。

首先，依据国务院和国家统计局相关政策、科技项目（成果）评价相关标准，以及勘探开发技术经济特性、技术创新过程、研发性质等3个维度，将油气勘探开发研发阶段划分为科学研究和试验发展两阶段。科学研究阶段的研发活动主要有应用性基础研究和应用研究活动，试验发展阶段的研发活动主要有技术开发研究和技术开发试验活动。研发活动有其相应的研发项目类型，进而实施全生命周期管理。值得重视的是，科学研究类项目和试验发展类项目各有其特点，虽然二者所追求的最终目标是一样的，但它们的直接目的或目标却有着本质的差别，项目管理的差异也较为显著。科学研究类项目可以包含室内实验室，以及小型现场试验项目，成本以费用结构为主，资金来源以费用渠道为主，与工程项目依托间接相关或不直接相关，与工程项目相关的作业费很少或不涉及；试验发展类项目成本结构的显著特点是包含现场试验费、工程作业费等，试验发展类项目资金来源以投资渠道为主，成本以投资结构为主，与工程项目实施密切相关，试验发展类项目需依托工程项目实施。

其次，业财税险基础管理应一体化，才能保障加计扣除工作顺利进行。油气田企业科技、计划、财务、业务管理部门应紧密配合，贯彻落实加计扣除政策与制度，实施以合同为单元的项目化管理机制，以降低加计扣除相关管理涉税风险为主体，合规管理研发项目和经费、研发经费投入统计和研发费用加计扣除。

本书根据国家研发经费投入、科技成果评估、研发费用加计扣除工作相关政策要求，依据创新、协调、绿色、开放、共享的新发展理念，立足中国油气行业加计扣除工作现状，以油气田企业为例，对加计扣除基础管理体系进行了探索，内容主要有6个部分：

（1）研发费用加计扣除政策实施效应与管理风险分析。通过分析研发费用加计扣除政策沿革，中国石油天然气集团有限公司（简称集团公司）及下属油气田企业（如大庆油田、西南油气田、华北油田）加计扣除基础工作管理现状，形成两项研究成果：①建立了研发费用加计扣除业务对油气田企业创新发展投入的价值传导机制。以加计扣除的关键业务流程、科技创新战略规划计划实施、研发项目管理和成本管理创新、保障考核指标完成和实现高质量创新发展目标视角，油气田企业实施加计扣除的政策效应体现在有效降低创新发展成本、有效促进研发项目成本管理创新、有效保障研发经费投入强度考核指标完成、有效提升知识产权数量和质量等4个方面。②建立了油气田企业研发费用加计扣除管理风险形成机制。从油气田企业视角，加计扣除风险主要源于法规与制度规制系统、组织运行系统、关键业务运行系统，也存在于加计扣除获得税收激励的具体工作中，主要包括研发项目管理产生的税源项目合规风险、研发项目成本管理形成的税基财税风险、研发项目要素数据带来的税源统计风险、研发项目申报材料造成的资料备查风险、加计扣除组织协调产生的申报效能风险等5个方面。

（2）研发费用加计扣除基础管理体系构建。根据研发费用加计扣除业务的价值传导机制和管理风险形成机制，结合油气田企业实际，形成两项研究成果。①厘清研发费用加计扣除相关概念，如：油气田企业研发活动的内涵与活动方式、研发活动的内涵与业务范围、基于勘探开发技术创新过程的科技活动3阶段划分（科学研究阶段、试验发展阶段、科技成果转化阶段）、油气田企业研发项目类型及比较、油气田企业"三新"项目的内涵等。其中，根据勘探开发技术经济特性、技术创新过程、研发性质等3个维度，将油气勘探开发研发科学研究阶段的研发活动（项目）划分为应用性基础研究和应用研究活动（项目），试验发展（开发）阶段的研发活动（项目）划分为技术开发研究和技术开发试验活动（项目）。②构建油气田企业研发费用加计扣除基础管理体系结构。由5个子系统组成：基于综合绩效导向的基础管理目标系统、基于全生命周期的税源项目管理系统、基于项目全成本的税基管理系统、基于合规的税额计算与申报管理系统、基于业财税险的涉税风险管控保障系统。

（3）科学研究与试验发展（R&D）类项目全生命周期管理探索。①构建了科技项目全生命周期综合管理机制模式。遵从科技项目全生命周期的内涵与阶段特点，以科技项目全生命周期综合管理的作用视角，坚持绩效目标导向、关键节点控制、实时动态调整等原则，模式结构由4方面组成：基于PDCA循环的科技项目全生命周期质量管控系统、基于流程的科技项目生命周期关键业务管控系统、基于作业成本的科技项目全生命周期成本管理管控系统、基于绩效导向的科技项目全生命周期价值评价系统。②建立了科学研究类和试验发展类项目的全生命周期管理机制。包括：项目选择与立项审批、"三新"项目鉴定、项目签订与实施、项目验收、成果价值评估等内容。

（4）科学研究类项目成本预算与核算方式优化。①建立科学研究类项目成本分配方法与机制。其内涵是：依据成本分配主要方法，包括成本分配协议、Shapley值法的成本分配、作业成本法、收入分摊法、平均分摊法、人员费用分配法等，按照科学与公平分摊、成本与收益配比、贡献激励与受益、基础性与多元性等原则，依据研发项目类型分别建立成本分配机制，科学选择间接成本分配方法，以分配表作为有效凭证等进行成本分配。②科学研究类项目成本预算与核算科目优化。依据科学研究类项目特点与费用需求、适应加计扣除政策对研发费用结构归集的要求、按照集团公司研发项目全成本预算的要求，优化科学研究类项目成本预算。通过区分科学研究阶段支出以及试验发展阶段支出、准确划分费用化支出与资本化支出，优化科学研究类项目成本核算方式。并依据集团公司科技项目成本预算科目，简化科学研究类项目成本预算与核算科目，从50项简化到13项。③科学研究类项目成本预算与核算处理，包括：人员人工费用、直接费用、新产品设计费和新工艺规程制定费、实验室（或小型试验）费、折旧费用、无形资产摊销费用、其他相关费用、委托研发费用等内容。

（5）试验发展类项目成本预算与核算机制创新。①建立试验发展类项目成本分配方法与机制。其内涵是：按照集团公司和专业公司相关制度进行成本分配管理，重视技术开发试验项目的间接费用分摊，协同管理技术开发试验项目经费等进行试验发展类项目成本分配。②试验发展类项目成本预算与核算科目优化。依据试验发展类项目特点与加计扣除政策对研发费用归集，按照集团公司研发项目全成本预算与核算的要求，建立以技术开发合同为导向的核算机制，加强技术开发试验项目经费预算和核算管理等，优化试验发展类项目成本预算与核算方式，并简化试验发展类项目成本预算与核算科目，从50项简化到15项。③试验发展类项目成本预算与核算处理。内容包括：技术开发试验项目的人员人工费用、直接费用、折旧费用、无形资产摊销费用、其他相关费用、委托研发费用等预算编制和核算处理。

（6）研发费用加计扣除基础管理保障措施研究。主要包括6方面：①强化加计扣除工作组织领导与沟通协调。明确科学研究类项目各有关部门的职责，强化试验发展类项目组织管理责任体系建设，加强各职能管理部门间的沟通合作。②增强研发项目管理与技术开发合同管理水平。进一步加强研发项目全生命周期管理机制建设，研发项目与"三新"项目鉴定一体化管理，强化试验发展类项目施工合同风险管理。③加强研发项目全成本管控的配套机制。提高研发项目全生命周期成本管理水平，加强技术开发试验项目全成本管控配套措施。④强化加计扣除人才队伍建设和政策把控。强化油气田企业财会人才队伍建设，强化对加计扣除动态政策掌握。⑤积极开发和利用加计扣除管理信息系统。建立研发项目信息化管控系统，加强研发项目的单据、账册、表格的管理。⑥建立研发费用加计扣除绩效评估与激励机制。建立加计扣除工作绩效考评机制，多举措有效激励加计扣除工作。

本书所展示的研究成果能够应用于油气田企业研发项目管理、研发成本管理、加计扣除工作等，为油气田企业加计扣除工作指南的出台、软件开发与应用奠定基础。在新发展格局下，这些研究成果也能为油气田企业提供可复制的加计扣除基础管理新思路和可推广的新方法，给其他能源行业及相关产业加计扣除基础管理工作提供借鉴。

  此书得以成稿，特别感谢原中国石油西南油气田公司天然气经济研究所所长、教授级高级经济师姜子昂先生，长江大学博士生导师吴杰教授，对全书研究提供了关键指导和宝贵意见；感谢王智雄、周娟、鲍思峰、彭子成、李佳、何昊阳、敬代骄、潘春锋、何晋越、王蓓、杨品成、章成东、陈灿、李庆等在研究过程中提供资料等方面给予的大力支持。

  由于编者水平有限，如有不妥之处，请广大读者批评指正。

目 录

第一章　研发费用加计扣除政策实施效应与管理风险分析 ····· 1
　　第一节　研发费用加计扣除政策沿革与工作管理现状 ······ 1
　　第二节　加计扣除政策实施效应分析 ························· 15
　　第三节　研发费用加计扣除管理风险形成机制及分析 ····· 22

第二章　研发费用加计扣除基础管理体系构建 ···················· 35
　　第一节　厘清研发费用加计扣除相关概念 ····················· 35
　　第二节　加计扣除基础管理体系结构设计 ····················· 51
　　第三节　加计扣除基础管理体系结构内容 ····················· 57

第三章　研发项目全生命周期管理机制模式探索 ················ 67
　　第一节　科技项目全生命周期综合管理机制模式 ··········· 67
　　第二节　科学研究类项目全生命周期管理机制模式 ······· 76
　　第三节　试验发展类项目全生命周期管理机制模式 ······· 88

第四章　科学研究类项目成本预算与核算方式优化 ·········· 102
　　第一节　科学研究类项目成本分配方法与机制 ············· 102
　　第二节　科学研究类项目成本预算与核算科目优化 ······· 108
　　第三节　科学研究类项目成本预算与核算处理 ············· 118

第五章 试验发展类项目成本预算与核算机制创新 ………… 130

第一节 试验发展类项目成本分配方法与机制 ………… 130
第二节 试验发展类项目成本预算与核算科目优化 ………… 133
第三节 技术开发试验项目成本预算与核算处理 ………… 139

第六章 研发费用加计扣除基础管理保障措施研究 ………… 145

第一节 强化加计扣除工作组织领导与沟通协调 ………… 145
第二节 增强研发项目管理与技术开发合同管理水平 ………… 150
第三节 加强研发项目全成本管控的配套机制 ………… 156
第四节 强化加计扣除人才队伍建设和政策把控 ………… 161
第五节 积极开发和利用加计扣除管理信息系统 ………… 164
第六节 建立研发费用加计扣除绩效评估与激励机制 ………… 170

参考文献 ………… 173

第一章　研发费用加计扣除政策实施效应与管理风险分析

第一节　研发费用加计扣除政策沿革与工作管理现状

一、研发费用加计扣除基本内涵

研发费用加计扣除是指对企业发生的研究开发（简称研发）费用中，符合税法规定允许加计扣除的，在企业所得税税前据实扣除的基础上，再按照实际发生费用加成一定比例，从本年度应纳税所得额中扣除的一种税收优惠政策。现行《中华人民共和国企业所得税法》第三十条第一款规定，企业用于开发新技术、新产品、新工艺发生的研究开发费用，可以在计算应纳税所得额时加计扣除。

研发费用加计扣除政策具有动态发展特征。它始于1996年，规定研发费用的50%实行税前加计扣除；2018年1月1日至2020年12月31日加计扣除比例提高到75%，采用负面清单法对可加计扣除行业、无形资产等作了调整；2021年3月15日财政部、国家税务总局发布公告，延续执行加计扣除比例 75% 政策，执行期限延长至 2023 年 12 月 31 日。制造业企业开展研发活动中实际发生的研发费用，未形成无形资产计入当期损益的，在按规定据实扣除的基础上，自 2021 年 1 月 1 日起，再按照实际发生额的 100% 在税前加计扣除；形成无形资产的，自 2021 年 1 月 1 日起，按照无形资产成本的 200% 在税前摊销。

二、研发费用加计扣除政策沿革

（一）研发费用加计扣除政策发展历程

1996 年至今，中国的研发费用加计扣除政策体系发生了许多变革。而它的变革方向和力度，实际上是与中国宏观经济形势的变化紧密关联。当前中国研发费用加计扣除政策呈现出普惠性、执行标准明确、抵扣模式多样的特点。研发费用加计扣除政策发展可以分为 5 个阶段：

1. 第一阶段：研发费用加计扣除政策基本确立（1996—2002 年）

为转变经济增长方式，提高企业产出效益，1996 年财政部同国家税务总局联合颁布通知，首次明确了中国在国有和集体工业企业内实施研发费用加计扣除政策。按照具体规定，当该类企业研究开发新产品、新技术和新工艺所发生的各项费用在满足逐年增长且增幅超过 10% 时，可加计实际发生额的 50% 抵扣应纳税所得额。随后补充颁发了《关于促进企业技术进步有关税收问题的补充通知》(国税发〔1996〕152号),进一步明确亏损企业只能据实列支研究开发费用。而且,盈利企业的实际加计扣除数额以企业当年应纳税所得额为限,超出部分不得结转抵扣。综合来看,本阶段最重要的特征便是研发费用加计扣除政策实现从无到有,填补了企业研发创新税收优惠激励政策的缺失和不足。但是,这一时期的加计扣除优惠只能发生在盈利的国有和集体工业企业中,限制条件较多,整体受惠面积较窄。

2. 第二阶段:加计扣除政策享受主体逐步扩大(2003—2007年)

为鼓励各类市场经济体开展研发创新活动,2003年财政部、国家税务总局颁布《关于扩大企业技术开发费加计扣除政策适用范围的通知》(财税〔2003〕244号),将加计扣除优惠的适用范围扩大到所有实行查账征收、财务核算健全的工业企业,所有制差异不再作为考虑因素。2004年取消主管税务机关审批制,政策流程改由纳税人自主申报。2006年再次取消研发费用增幅限制,规定满足健全财务制度和查账征收条件的大专院校、科研机构和内外资企业均可以享受政策优惠。同时,首次规定研发费用当年不足抵扣部分,可在5年内结转抵扣。总体而言,该时期加计扣除最突出的政策变动便是享受主体不断扩大,这与中国各种市场经济体持续增多、各类研发需求不断涌现的发展状况相适应,也有利于企业更好地保持创新积极性，保障税收优惠公平性。

3. 第三阶段：加计扣除政策实现系统化和法治化（2008—2012年）

随着2008年《中华人民共和国企业所得税法》的实行，研发费用加计扣除政策以法律形式被确定下来。同年，国家税务总局出台的《企业研究开发费用税前扣除管理办法（试行）》（国税发〔2008〕116号）对该项政策作出更详细的解释说明，明确了研究开发活动的内涵、研发费用的归集范围、研发项目类型（自主研发、合作研发、委托研发等），以及核算管理异议处理等问题，首次将研发费用加计扣除优惠政策落到实处。这一阶段加计扣除政策不再是以通知、条例等形式散落在各种文件中，而是被提高到法律层面，而且优惠政策实现了体系化和系统化。一方面，加计扣除政策发生大幅度调整的可能性降低，有利于企业更准确更合理地预期，增强市场的信心和创新的主动性。另一方面，加计扣除政策的体系化，便于各类市场主体查阅政策规定，促进该项税收优惠政策的传播和应用。

4. 第四阶段：加计扣除政策向内容细化、程序简化方向完善（2013—2016年）

为了进一步细化研发费用加计扣除政策在具体实施中的一些细节，财政部、国家税务总局于2013年9月出台了《关于研究开发费用税前加计扣除有关政策问题的通知》（财税〔2013〕70号）。财政部等部门在总结自主创新示范区试点经验

第一章 研发费用加计扣除政策实施效应与管理风险分析

的基础上，进一步扩大了可适用加计扣除政策的研发费用范围，允许五险一金、设备检验维护费、研发成果鉴定费等计入费用扣除。《关于企业研究开发费用税前加计扣除政策有关问题的公告》（国家税务总局公告2015年第97号）就落实完善研发费用税前加计扣除政策有关问题进行了公告。财政部、国家税务总局、科技部《关于完善研究开发费用税前加计扣除政策的通知》（财税〔2015〕119号）为更好地鼓励企业开展研究开发活动和规范企业研究开发费用加计扣除优惠政策执行，明确指出本通知所称研发活动，是指企业为获得科学与技术新知识，创造性运用科学技术新知识，或实质性改进技术、产品服务、工艺而持续进行的具有明确目标的系统性活动。同时，就研发活动及研发费用归集范围进行了明确界定。2015年，放宽企业研发活动及研发费用范围，新增外聘研发人员劳务费用、非专用研发设备资产的折旧摊销费用等计入加计扣除费用口径，大幅缩减了与高新技术企业认定口径的差异。同时，首次明确负面清单制度，除六大行业外的其他行业研发费用此后均可享受加计扣除优惠，税收优惠门槛进一步降低。并提出自2016年1月1日起未及时享受政策优惠的3年有效追溯时间。在此阶段，研发费用加计扣除政策完善主要表现为两大方面：一方面，可享受政策优惠的研发费用归集范围逐步细化，内容不断扩大；另一方面，企业研发费用会计核算、管理事项及异议处理等程序规范方面实现简化。

5. 第五阶段：加计扣除政策增设差异化调整（2017年至今）

2017年颁布的《财政部 税务总局 科技部关于提高科技型中小企业研究开发费用税前加计扣除比例的通知》（财税〔2017〕34号）将科技型中小企业研发费用加计扣除比例从50%提高到75%。2018年，为了更精准地为企业科技创新进行减税，推动产业迈向中高端、促进经济高质量发展，财政部联合国家税务总局和科技部于2018年9月印发《关于企业委托境外研究开发费用税前加计扣除有关政策问题的通知》（财税〔2018〕64号）、《关于提高研究开发费用税前加计扣除比例的通知》（财税〔2018〕99号）。尤其是99号文的出台，第一次将研发费用加计扣除比例从50%提高到75%的优惠政策扩大到所有企业。形成无形资产的，在上述期间按照无形资产成本的175%在税前摊销。

2019年加计扣除申报程序进一步简化，规定改由仅设置辅助账方式，企业留存备查。

2021年，为进一步激励企业加大研发经费投入，支持科技创新，财政部、国家税务总局颁布《关于进一步完善研发费用税前加计扣除政策的公告》（财政部 税务总局公告2021年第13号），就企业研发费用税前加计扣除政策有关问题进行公告。该公告明确了制造业企业开展研发活动中实际发生的研发费用，未形成无形资产计入当期损益的，在按规定据

第一章 研发费用加计扣除政策实施效应与管理风险分析

实扣除的基础上，自 2021 年 1 月 1 日起，再按照实际发生额的 100% 在税前加计扣除；形成无形资产的，自 2021 年 1 月 1 日起，按照无形资产成本的 200% 在税前摊销。2021 年 5 月，国家税务总局颁布《研发费用税前加计扣除新政指引》，明确了研发费用加计扣除政策的适用行业和适用活动。2021 年 9 月，为贯彻落实国务院激励企业加大研发经费投入、优化研发费用加计扣除政策实施的举措，国家税务总局颁布了《国家税务总局关于进一步落实研发费用加计扣除政策有关问题的公告》（国家税务总局公告 2021 年第 28 号）。该文件更新了"研发支出辅助账样式"，从《关于企业研究开发费用税前加计扣除政策有关问题的公告》（国家税务总局公告 2015 年第 97 号）提供开始，再一次更新。该文件重点公告了"关于其他相关费用限额计算的问题"，进一步简化了"其他相关费用"限额的计算方式。

（二）研发费用加计扣除优惠政策创新特点

1. 大幅提高研发费用加计扣除比例

为更好地鼓励企业开展研发活动和规范企业研发费用加计扣除优惠政策执行，2015 年 11 月，财政部、国家税务总局、科技部联合出台《关于完善研究开发费用税前加计扣除政策的通知》（财税〔2015〕119 号），并自 2016 年 1 月 1 日起执行。2017 年，科技型中小企业研发费用加计扣除比例从 50% 提高至 75%；2018 年，研发费用加计扣除比例普遍提高至75%；2021年，制造业企业研发费用加计扣除比例从75%提高至100%；2022年，科技型中小企业研发费用加计扣除比例从75%提高至100%。从国际上看，100%加计扣除的优惠力度在世界处于中等偏上水平。

2. 允许委托境外研发费用税前加计扣除

2018年，委托境外进行研发活动所发生的费用，允许按照费用实际发生额的80%计入委托方的委托境外研发费用，享受研发优惠，以支持本国企业技术创新能力提升。可见，中国在费用税前加计扣除优惠方面突破较大，而美国、法国、德国、巴西、印度、南非等国家一般仅对发生在本国境内的研发活动给予税收。

3. 税务部门优化研发费用加计扣除服务方式

税务部门进一步落实"放管服"要求，取消优惠申请前的研发项目审批要求，允许企业直接申报享受研发费用加计扣除政策。2017年，相关部门联合发文，要求科技、财政和税务主管部门建立工作协调机制，明确研发项目鉴定流程与要求。2018年，《企业所得税优惠政策事项办理办法》（国家税务总局公告2018年第23号）明确规定，企业享受研发费用加计扣除优惠采取"自行判别、申报享受、相关资料留存备查"的办理方式。研发费用加计扣除实施最为直接的效果是企业可将其加计总额在所得税税额前扣除，降低企业的税收成本。

第一章　研发费用加计扣除政策实施效应与管理风险分析

三、加计扣除基础工作管理现状

（一）集团公司加计扣除实施现状

国资委根据 2019 年中央经济工作会议推进国有企业改革三年行动方案相关要求，提出的将研发经费投入强度作为指标纳入中央企业经营业绩考核，旨在倒逼中央企业加强自主研发和原始创新，以技术优势提升产品增加值率和盈利能力，统筹推进中央企业量的合理增长和质的稳步提升，促进中央企业发展方式转变。作为国资委对集团公司的必考核项，研发经费投入总量需要各专业公司和地区公司共同支撑，并依据产量和生产规模等，形成对油气田企业的刚性量化考核指标。

集团公司先后出台了《集团公司科技项目研发费用加计扣除工作指南（试行）》（2021 年 6 月），勘探与生产分公司《油气勘探开发业务研发费用加计扣除工作指南（试行）》（2021 年 1 月）。

《关于进一步规范集团公司研发项目界定和研发经费支出核算统计等有关事项的通知》（科技函〔2021〕1 号）、《中国石油天然气集团有限公司科技经费管理办法》（中油财务〔2021〕163 号），明确了持续加大科技投入，确保每年研发经费投入强度总体不低于 1%，明确了将研发经费投入强度指标和研发费用加计扣除指标纳入企业业绩考核指标进行分解和下达的管理流程。并且，明确了科技投入、研发经费投入的内涵；明确了科技经费预算、资金配置与支出管理、研发经费投入统计、研发费用加计扣除、评价与考核等方面的具体实施举措。其中，中油财务〔2021〕163号文件第三条提出，研发经费投入是指集团公司为开展相关研发活动的所有经费投入，研发活动包括基础研究、应用研究和试验发展3种类型；第三十四条提出，研发经费投入包括日常性支出、资产性支出和外部支出；第三十七条提出，各单位应加强研发活动管理，规范研发活动识别界定，严格按项目进行计划、立项、预算、实施、验收全过程管理。同时集团公司将研发经费投入强度指标和研发费用加计扣除指标纳入公司业绩考核指标，鼓励各单位加大研发经费投入，对关键核心技术攻关、应用研究、应用性基础研究等研发经费投入对业绩考核结果产生影响的，可视同利润按一定比例进行加回。

（二）油气田企业加计扣除基础工作现状

1. 大庆油田

（1）成立专项工作小组。为解决各部门之间沟通不畅的问题，大庆油田通过成立"研发费用加计扣除专项工作小组"协调部门运行，小组领导由财务、科技管理部门的主管领导担任。研发费用加计扣除工作由财务管理部门牵头，科技管理部门、科研承担机构协同配合。大庆油田财务管理部门科研核算岗负责研发资金的使用、研发项目的核算、监督

第一章 研发费用加计扣除政策实施效应与管理风险分析

各项费用使用的合规、合理性;税收核算岗负责可加计扣除费用和资料的归集、审核以及研发费用加计扣除纳税申报工作。科技管理部门科研业务岗负责科技项目立项、实施、验收,以及"三新"项目鉴定等工作。承担科研任务的基层单位负责开展研究活动。财务管理部门对各项科技项目发生的费用进行会计核算,承担每年加计扣除资料的收集、整理工作,负责研发费用辅助账填报等工作。

(2)制定"三新"项目认定标准。为解决"三新"项目鉴定无统一标准的问题,充分享受加计扣除优惠政策,大庆油田以《中国石油天然气集团公司关于下发〈集团公司研发费支出及科学研究与技术开发项目鉴定操作指引(暂行)〉的通知》要求为指引,制定了大庆油田科技项目"三新"项目认定的统一标准。财务管理部门、科技管理部门重新梳理了科技项目"三新"项目鉴定工作流程,成立高质量的专家评审组,同时扩大参评范围,做到应评尽评。财务管理部门、科技管理部门、科研单位及专家组协同工作,加强政策研究,主动与税务机关进行沟通,汇报企业科技项目具体情况。通过科学制定鉴定流程、规范科技项目名称、在项目计划书中突显"三新"项目特点、严格区分技术服务与委托研发等方式,对科技项目加强管理,积极做好"三新"项目鉴定工作。大庆油田对2019年在研项目451项全覆盖式启动"三新"项目鉴定,鉴定结果属于"三新"项目400多项,"非三新"项目30多项,可享受加计扣除金额比评定前增加过亿元，有效降低了大庆油田所得税税负。

2. 西南油气田

（1）实行全成本核算管理。针对核算管理问题，西南油气田建立更多的辅助账和台账，对现有会计信息系统进行补充调整，以便于信息共享。具体而言就是利用 ERP 系统中 WBS 成本归集和费用控制功能，对全部目标成本要素进行管控，实现对各类科技投入进行全口径的核算管理，使研发费用最终通过财务会计核算体现出来，做到在系统中可查询。全成本核算管理得到专家和税务部门的认可，避免审计和纳税风险。

全面归集研发费用主要是因为研发支出分散于整个油气业务链条，包括全部的生产和管理流程，所以全面归集研发费用也应该围绕生产和管理业务链条进行归集和核算。具体包括以下 3 类费用：机构费用、科研费用项目经费、投资类费用。

（2）细化预算和核算科目。为反映预算各科目的具体情况，西南油气田采用全成本化的预算，根据全成本后的内容扩展预算表单，加入各项目的具体投入情况。一方面是成本要素的全面预算，其要求与研发活动相关的所有支出都应该计入，除了本身实际的支出以外，还应该包括管理组织科研活动所产生的管理费用（如折旧费、职工薪酬、水电费等）及其他间接费用；另一方面是全过程的成本管理，其要求成本核算过程贯穿整个项目的始终，项目的立项、实施、验收环节都应涵盖在

第一章 研发费用加计扣除政策实施效应与管理风险分析

内。相较于一般的成本预算与核算模式，全成本的预算与核算涵盖了所有相关的成本要素及所有行为活动过程，涉及面广、适用性好，能够运用在科研的流程化、项目化和过程化管理，是一种较为准确的经费管理办法，可以准确地反映成本状况，提供准确的财务信息，反映内部财务管理是否有效。

（3）基础管理工作成效显著。为确保符合"三新"项目的科技项目全部纳入加计扣除范围，西南油气田2021年优化了科技项目的过程管理。一是着力提高研究与试验发展（R&D）项目的占比，2021年新开科技"三新"项目占比达到80%以上。二是将"三新"项目鉴定工作从过去的事后提前到开题立项的同时，邀请内外部高水平技术专家，对项目进行客观评价和凝练提升指导，确保鉴定结果符合税法要求。三是规范"三新"项目科技项目的投入及科研经费管理，合理安排经费计划，强化管控，加大考核力度，确保费用归集的准确性、使用的合规性和高效性。

西南油气田健全科技创新管理体系、科技投入制度，全面推行科技项目全成本、项目制管理，强化研发经费投入管理，"十三五"研发经费年均投入强度1.57%，"十四五"末将提高到1.65%。

3. 华北油田

（1）采用强矩阵式项目组织结构。为了在项目管理过程中更好地贯彻落实全生命周期理论，华北油田将平衡矩阵式组织结构升级为强矩阵式项目组织结构，解放项目经理，使项目经理不再受所在单位职能主管的约束，只服从于项目经理主管的直接领导，既赋予其更广泛的职权，又避免了多头领导带来的困惑，因此能够充分发挥自己的职权，优化配置各种资源，直接掌控项目运行情况，真正实现责、权、利的有机统一。另一方面，项目经理主管作为与各职能部门主管平行的专职管理人员，被赋予了较高的职权地位，能够协助项目经理实现跨专业、跨部门的组织协调，及时解决梗阻问题，保障项目顺利开展。

（2）建设全生命周期管理平台。华北油田采用全生命周期管理平台实现项目高效管理，项目之间的近似性、相通性也便于充分发挥信息平台的高效畅通作用。全生命周期管理平台的搭建分为线下和线上两个层面。立项评审会、项目招标会、中期评估会、结题验收会、成果评奖鉴定会等活动为全生命周期管理的线下平台，通过线下平台实现项目成员、管理人员及相关人员的定期信息交流与沟通。科研管理科的项目经理主管借助信息化管理手段，依托建立的项目管理信息系统，运用网络技术和数据库技术，搭建全生命周期管理的线上平台，实现各利益相关者随时在线交流。在项目立项、中期评估、结题验收、成果转化等各个阶段，利用项目经理信息库、评审专家信息库等库存信息，对人力资源、技术共享资源、设备资源、财务资源等进行科学配置，实现资源的高效利用。此外，对于以往项目的大量数据、成功经验和失败教训，都可以在线上平台数据库中加以体现，为科技项目全生命周期中各个阶段的决策提供依据与借鉴。

（3）建立信息化的成本核算体系。华北油田将成本管理信息化技术融入企业成本管理体系。首先，对成本核算的效用范围作出说明，不将成本核算局限于记账上，还采用专业的计算机软件，这样在进行记录的时候不用受时间和地点的约束，在生产流程中记录材料的消耗时可以节省一定的人力物力。其次，共享成本核算信息提高了成本信息化的管理水平，增强了企业风险防范能力，提高了企业成本核算效率，更加科学合理地整合有效资源。最后，利用信息化系统将生产、采购、销售等各个环节集中到一起，加强了企业成本核算与管控，促进了企业全方位降本增效。在对企业的各种成本进行核算分析时，利用信息化的技术，得出客观科学的分析结果，使企业管理层作出正确经营决策，促进企业的持续性发展。

第二节 加计扣除政策实施效应分析

一、加计扣除政策效应传导机制

近年来，国资委和油气集团企业更加重视能源供应安全，对提升研发项目全生命周期管理水平、增加自主研发经费投入、强化研发项目全成本管理等提出更高要求，把研发经费投入强度指标列入年度绩效考核指标，有效推进了研发费用加计扣除工作。研发费用加计扣除不只是财务和税务处理过程，实质上是对企业研发项目从立项、归集、核算到申报的整体把控。如果企业从顶层设计到规划计划，能有效结合，预算、制度、流程、信息化等协同发挥作用，相关管理部门之间紧密沟通、形成联动机制，就能为加计扣除创造有利条件。

油气田企业积极贯彻落实相关政策制度，从科技创新战略规划计划实施、推进研发项目管理到成本管理创新，以保障考核指标完成和实现高质量创新发展目标。根据加计扣除的关键业务流程，研发费用加计扣除业务对油气田企业创新发展投入的价值传导机制如图1-1所示。

传导机制主要体现在4个方面：（1）可加计扣除行业判断促进企业创新战略定位，保障油气勘探开发领域创新规划实施。（2）"三新"项目鉴定管理提升研发项目全生命周期管理水平，保障研发项目质量与投入水平。（3）"三新"项目费用归集和核算促进研发成本管理规范与创新，保障研发经费投入强度指标完成；建立油气田企业研发项目全生命周期管理模式与流程，实现研发经费投入强度动态匹配，推动研发费用加计扣除工作，对于油气田企业研发经费投入持续提升实现考核目标、推进企业高水平科技自立自强，意义重大。（4）"三新"项目研发费用加计扣除应申尽申，税收优惠政策促进油气田企

第一章　研发费用加计扣除政策实施效应与管理风险分析

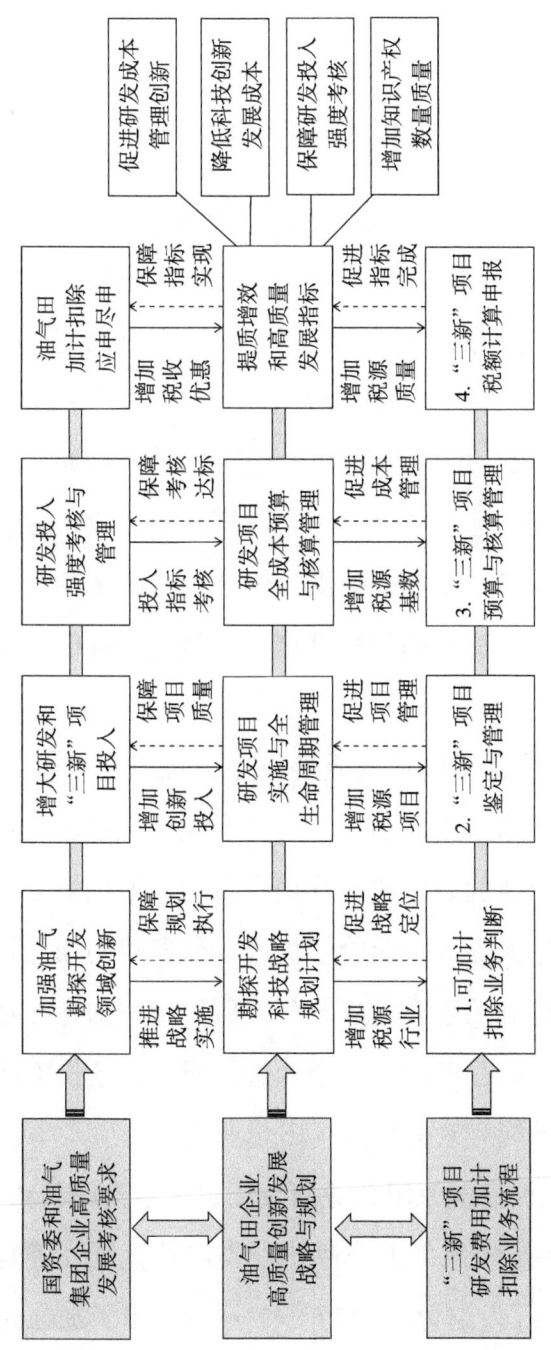

图 1-1　油气田企业实施加计扣除政策效应传导机制结构图

业提质增效。

二、加计扣除政策实施效应分析

（一）有效降低油气田企业创新发展成本

研发费用加计扣除是税收优惠中优惠力度最大、受众最广的一项政策。郭健等（2020）认为研发费用加计扣除比例越高，越能激发企业享受政策的积极性。2022年1月1日起施行新修订的《中华人民共和国科学技术进步法》，明确了加强创新投入与税费激励的建设条例，为企业研发经费投入强度提升提供了法律制度保障。作为推动供给侧结构性改革的重要减税降费措施，研发费用加计扣除其直接目的就是要降低企业的相关成本。

技术创新是经济增长的重要源泉，油气田企业不仅需要市场机制补偿技术创新成本，也需要合理合规地运用好税收优惠政策，减少企业的研发成本及纳税负担，增加企业利润留存和资产总额，进而促进企业价值提升。研发费用加计扣除是油气田企业税收筹划的重要组成部分，研发费用加计扣除比例越高，企业可抵扣的额度越大，企业进行研发创新投资的动机和能力就越强，越能有效提高油气田企业全要素生产率。

（二）有效促进油气田企业研发项目成本管理创新

《关于进一步规范中央企业研发支出核算统计等有关事项的通知》（国资厅发财评〔2020〕47号）提出了加强研发活动

第一章　研发费用加计扣除政策实施效应与管理风险分析

管理、规范研发支出核算统计、加大监督检查力度、用足用好优惠政策等的具体措施，特别是要求中央企业认真梳理子企业涉及的研发活动，根据行业特点编制识别清单，规范子企业研发活动识别界定，加强研发活动管理体系建设，完善研发活动计划、立项、预算、实施、验收全过程管理制度，确保研发活动规范开展。

加计扣除工作需要企业根据政策内容与自身内部管理方案，合理、科学规范研发费用，在保证企业健康、稳定运行基础上，更好享受政策带来的优惠。一是促进油气田企业采用预算管理制度进行研发费用的管理，研发部门对年度预算费用、研发项目等进行确定，进而规范项目研发费用，确保项目研发费用支出准确性。二是促进油气田企业财务管理部门对税务工作、会计准则等充分解读，并以此为根据开展日常管理工作，专项核算研发费用，准确归集研发费用，提高费用管理有效性。三是促进人事劳资管理部门充分发挥自身职能，对研发部门相关人员社保费用、奖金、工资等进行月底统计，对项目开发人员进行工时台账管理，并以此作为分配人工费用的依据，并不断完善管理制度，使研发项目费用归集有效性提高，避免企业正常运行受到税务风险影响。

（三）有效保障油气田企业研发经费投入强度考核指标完成

2019年12月24日至25日，国资委召开中央企业负责人会议，提出在保留净利润、利润总额、资产负债率3个指标基础上，2020年起中央企业经营业绩考核将新增营收利润率、研究与试验发展（R&D）经费投入强度指标，形成"两利三率"指标体系，目的在于引导国有企业关注提高经营效率、加大科技创新产业布局，从而能够统筹推进中央企业量的合理增长和质的稳步提升，引导企业更好实现高质量发展。2020年12月，国务院国资委下发了《关于做好2020年度中央企业财务决算管理及报表编制工作的通知》（国资发财评〔2020〕79号），要求按照国家统计局《关于印发〈研究与试验发展（R&D）投入统计规范（试行）〉的通知》（国统字〔2019〕47号）的相关标准，规范会计核算和数据统计，做好全面执行新修订会计准则的准备工作，切实加强财务决算工作组织，深化拓展财务决算功能作用，特别提出要严格界定统计范围，科学统计研发经费投入，真实反映研发经费投入情况。

加计扣除政策实施激励油气田企业加大研发经费投入，同时也对研发经费投入管理提出更高的要求。在国家和油气集团企业加强加计扣除系列新政策制度下，油气田企业建立一套系统的、细致的、可操作的，既符合油气田企业经营实际需要又满足加计扣除政策要求的研发经费投入管理制度，已是加快推进科技创新驱动发展无法回避的重要工作。

（四）有效提升油气田企业知识产权数量和质量

研发费用加计扣除政策通过促进企业产生更多的知识产

第一章　研发费用加计扣除政策实施效应与管理风险分析

权、专利技术、商标等创新成果，增加企业的无形资产数量和质量，使得企业价值得到提升。油气田企业加大各级科技攻关项目组织，加快重大瓶颈技术攻关，支撑油气田企业发展和生产任务的优质完成。如西南油气田积极争取申报国家级项目立项，重点针对深层页岩气、陆相致密油气等领域开展重大产业化技术攻关和示范；抓好集团股份公司级项目立项和实施，围绕深层碳酸盐岩气藏、陆相致密油气、深层页岩气新领域以及老气田等重点领域，加快推进"致密气"重大科技专项，加快瓶颈技术攻关和政策技术配套。值得重视的是，油公司体制下油气田企业勘探开发项目以及大部分技术攻关，都需要与工程技术服务企业合作才能得以实现，显然工程项目也是知识产权形成的源泉。

推进油气田企业建立知识产权保护与奖励机制，以保护勘探开发项目形成的大量知识产权成果。例如西南油气田按照集团公司2018年年底新修订知识产权管理制度，设立专利奖，表彰奖励对高质量、高价值专利作出重要贡献的完成单位、所属单位及相关审核审批人员和发明人等，引导重视专利质量的同时，提高知识产权管理人员及研发人员的积极性。同时，设立下列科学技术奖：杰出成就奖、基础研究奖、技术发明奖、科学技术进步奖等，把核心学术刊物论文发表或者学术专著出版、核心技术已获得发明专利授权等作为必要的评价指标。

第三节 研发费用加计扣除管理风险形成机制及分析

一、研发费用加计扣除管理风险形成机制

根据《大企业税收风险管理指引（试行）》（国税发〔2009〕90号）中的阐述，税收风险管理是企业为避免因为没有遵循税法而可能遭受的财物、声誉的损害以及法律的制裁而采取的税收风险的识别、评估、应对、控制等管理措施的流程。

从油气田企业视角，加计扣除风险不仅仅存在于纳税和加计扣除获得税收激励的具体工作，更重要的是加计扣除整个业务流程的基础管理工作中存在涉税风险，主要包括税源项目合规风险、税基财税风险、税源统计风险、资料备查风险、申报效能风险等5个方面（如图1-2所示）。

二、研发费用加计扣除管理风险分析

（一）研发项目管理产生的税源项目合规风险

1. 科学研究阶段和试验发展阶段划分困难

《关于完善研究开发费用税前加计扣除政策的通知》（财税〔2015〕119号）对于研究开发活动的适用范围给出了明确的定义，是指企业为获得科学与技术新知识，创造性运用科学技术新知识，或实质性改进技术、产品（服务）、工艺而持续

第一章 研发费用加计扣除政策实施效应与管理风险分析

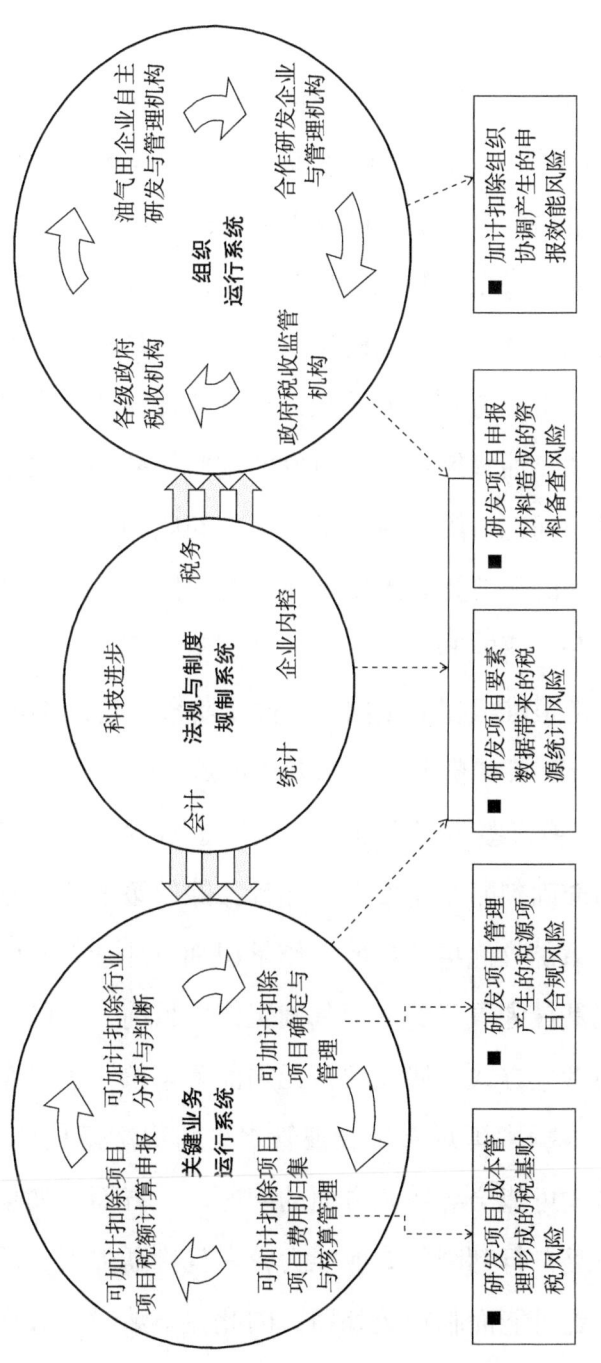

图1-2 油气田企业研发费用加计扣除管理风险形成机制示意图

进行的具有明确目标的系统性活动，着重强调了"两新、一改进"的系统活动，同时明确常规性升级、直接运用科研成果等7类活动不适用税前加计扣除范围。总之，只要不在排除范围之内的研发活动，原则上都可以实行加计扣除。

勘探开发研发活动特点造成判定适用科学研究阶段与试验发展阶段费用加计扣除范围的难度较大。一是勘探开发生产过程与一般工业生产有较大的差别，具有特殊性使研发支出活动存在不确定性。油气勘探开发研发的主要任务并不限于解决一个生产项目的问题，除了解决常规生产问题和保证生产正常进行外，更重要的是要探索地质规律，在一定的普遍意义上指导勘探开发实践，研究与开发活动的区别不是那么明显。从财务会计视角，是很难根据准则内容对两个阶段进行准确区分。

2."三新"项目鉴定精细化有待加强

"三新"项目鉴定以准确判断出属于研发项目为基础，而研发项目的准确判断是研发费用加计扣除政策的管理难点。享受可加计扣除税收优惠的首要工作是识别可加计扣除的研发活动项目，这是最为重要的一项基础工作。目前，中国采用企业自行申报的管理方式，研发项目无须前置审核，也没有前置审核选择权。根据中国现有税收征管水平与税法遵从环境情况，这种管理方式可能会导致两方面的问题。一方面，如果企业对研发活动缺乏自行判断的专业能力，一旦判断失误，后续税收风险较大，更可能面临行政处罚，因此在申请时十分谨慎；另

第一章　研发费用加计扣除政策实施效应与管理风险分析

一方面，政策评估、研判与调整制度尚不健全，具体包括：缺乏专业化的定性与系统性评估；研发费用加计扣除政策的落实数据和相关信息无法公开或实现部门之间共享；政策前瞻与研判机制不完善，难以根据企业技术创新、产业变化以及科技创新发展的需要进行及时调整和跟进。

《关于完善研究开发费用税前加计扣除政策的通知》（财税〔2015〕119号）规定，符合享受税收优惠政策的研发活动，主要是指企业"三新"项目，即"新产品、新工艺、新技术"。如果因企业对"三新"项目没有制定统一的认定标准，或具有标准但可操作性差，申报的"三新"项目少于实际情况，导致未充分享受加计扣除税收优惠政策。

3. 多项目并行实施导致可加计扣除的研发项目确认较难

对多项研发活动的判断模糊导致费用归集更加困难。油气田企业科技创新主要体现在新的找油气思路和新技术的应用上，最终主体不是体现在新产品上，而是体现在寻找到油气藏并开发出油气的过程中，具有一定特殊性。油气勘探开发研发活动中，多项研发项目运行在同一作业链上是常态，如何确定其研究与开发活动在技术、工艺产品（服务）方面的创新取得了有价值的成果及其相应成本贡献，对多项研发活动的判断容易导致成本归集和加计扣除模糊，增加了合法合理运用加计扣除优惠政策的难度。

相关规定中明确指出，油气田企业现场试验费用在研发范畴，但是受研发项目与一般科技项目和科技成果转化项目有所交叉的影响，多项研发项目存在于工程项目施工与运维过程中，因而多项目和多属性的科技项目并行运作，判断某个费用支出是否在研发费用范畴难度大，难免会出现多计研发费用或者是少计研发费用的问题，进而使企业享受优惠的整体力度受到不良影响，或产生税务稽查风险。

4. 研发项目管理制度有待优化

完善的研发制度体系和管理机制，是研发费用准确、有效确认和计量的保证。少部分油气田企业研发项目管理制度体系不够健全和完善，造成研发费用并不能准确地与其他经营支出区分开来，企业计算出的研发支出并不能得到税务部门的认可。值得重视的是，试验发展类科技项目管理制度还不够健全，财务管理部门核算依据不够充分，核算试验发展项目的支出困难较大。

（二）研发项目成本管理形成的税基财税风险

1. 研发成本分配机制不健全

研发费用归集时，油气田企业存在部分费用支出由研发活动和生产经营活动共担的情况。如研发活动参与人员既参与研发活动，又参与生产活动，或者参与多个研发活动，如果立项任务书中研发人员与实际研发的人员不一致，则人工费用归集存在风险。又如，对于生产与研发的费用分摊，分摊不准确会造成加计扣除风险。

第一章　研发费用加计扣除政策实施效应与管理风险分析

无形资产支出摊销不够明确。企业会计准则对无形资产的摊销方法并没有作出明确规定,而是较为笼统地要求"应当反映与该项无形资产有关的经济利益的预期实现方式"。这样的处理更符合实际情况,但是也加大了企业财务人员的核算难度,摊销方式的选择会较大地依赖个人判断。

2. 研发费用预算管理风险

研发活动贯穿于企业整个生命周期,研发项目成本预算管理,涉及企业战略、市场、研发、人力资源、财务、法务等多个职能部门,因相关方参与度和沟通程度等因素,可能导致以下预算问题:

（1）研发费用预算和核算科目设置不够合理、不够规范,影响账务处理合规性。特别是约占油气田生产经营总费用30%的工程费用中,试验发展类项目预算薄弱,影响研发经费投入的准确取数。

（2）不够重视科学研究和试验发展阶段区分,影响研发费用资本化。

（3）部分企业依旧习惯于采用传统的预算模式,对研发项目成本预算缺乏动态化管理,导致研发项目成本预算精度不够高。

（4）研发项目转化测算不够准确,无法有效支撑研发活动的绩效评价等。

例如,部分油气田企业的年度研究经费总预算纳入企业年度预算，科技项目计划由科技管理部门负责管理下达，对配套经费预算的管理，科技管理部门要求承担单位签订配套承诺书，明确配套支持内容、任务工作量、配套预算及对应的计划，作为生产投资项目与科技项目的相关性依据增补进开题设计；对配套的人员费、折旧摊销费和机构费用摊销等科目费用，由财务管理部门年底时统筹安排进行项目费用归集和研发经费投入统计。由此可见，油气田企业实施全成本口径预算编制后，在规范化管理上虽然进行了一些创新探索，但存在科技项目配套生产项目，执行过程多头管理，项目全过程规范管理难以有效实施，也会带来一些涉税风险。

3. 研发费用核算管理风险

研发费用归集引发税收风险的情况最为多见，研发费用加计扣除"以报代备"政策增加了基本财税风险。部分油气田企业在进行研发费用加计扣除时由于对部分研发活动的理解差异，可能将不属于研发活动的相关费用归集到研发费用，导致归集不正确而引发风险。在研发项目实施过程中，财务管理部门对研发进度和结果的了解程度不够清楚，就会导致不能有效进行研发费用加计扣除。

研发费用归集与核算不够规范，难以满足优惠政策要求。在业务核算中，部分油气田企业存在未按研发费用类别设置科目明细与未按项目设置辅助核算的情况，难以满足研发费用加计扣除对研发费用核算要求，难以享受国家出台的所得税相关

第一章 研发费用加计扣除政策实施效应与管理风险分析

优惠政策。另外，油气试验发展类项目费用核算不足，技术开发试验项目成本管理较弱。部分研发项目依托生产经营活动开展，但一些油气田企业研发支出和生产经营成本费用核算不够清晰，可能造成研发费用核算或大或小。

费用化和资本化处理不够合规，研发费用资本化确认时点依据过于原则化。依据《企业会计准则》，企业对科学研究阶段与试验发展阶段的研发支出应当分别处理。（1）在生产经营活动中，往往存在研发活动的进展难以辨析，科学研究阶段与试验发展阶段难以区分，进而难以确定研发支出的资本化时点。（2）研发活动往往存在着难以预计的风险。例如，研发项目即使进入最终开发阶段，可能会给企业带来经济利益，也仍存在失败风险，会导致已资本化的费用难以形成经济效益。

（三）研发项目要素数据带来的税源统计风险

1. 加计扣除归集口径风险

目前，研发费用有3个归集口径，包括会计核算口径、高新技术企业认定口径和研发费用加计扣除政策口径。随着研发费用相关政策的调整，后两者已经逐渐趋同，但仍然存在一定差异。会计核算口径是为企业判断生产经营活动中研发活动提供依据，企业可以据此准确核算研发费用，提高会计信息质量，因此限制条件较少。高新技术企业认定口径是为了提供统一的标准进行研发费用的归集，从而以研发费用衡量企业研发经费投入强度和科技实力，进而筛选出高新技术企业，因此有一定的限制条件。研发费用加计扣除政策是以税收减免的形式激励企业加大研发经费投入,因此政策口径更多地聚焦于企业核心研发经费投入和其他与研发高度相关的费用,更加详细严谨,限制条件最多。

油气田生产经营特征引起的研发项目会计核算范围与统计核算范围的差异主要包括:(1)研发经费投入统计执行收付实现制,会计核算执行权责发生制。(2)会计核算设置"研发支出"科目,按"费用化支出"和"资本化支出"进行明细核算,统计分为经常性支出与资本性支出。(3)会计口径包括内部支出和外部支出,统计口径只包括内部支出。综合3个口径下归集差异:加计扣除税务口径下的归集范围最小,企业认定中研发费用的范围居中,会计核算中研发费用的核算范围最大。所以,处理不好这3种归集口径,会增加加计扣除风险。

2. 数据采集准确性有待提高

研发费用加计扣除工作由财务管理部门牵头,科技、人事、社保以及财务共享中心配合。由于研发项目时间跨度长,涉及部门多,在业务判断、数据传递、费用归集等环节容易出现错误,造成数据采集的不准确。

3. 辅助记账风险

辅助账是帮助企业准确归集研发费用的工具。《关于完善研究开发费用税前加计扣除政策的通知》(财税〔2015〕119号)已经不再强调"专门用于"四字,放宽了限制,对于同时从事

第一章 研发费用加计扣除政策实施效应与管理风险分析

研发活动与生产经营管理活动的人员以及生产与研发共用的仪器、设备、无形资产等产生的相关费用，在做好必要记录，采用实际工时占比等方法在研发费用和生产经营费用间合理分配后，允许企业进行加计扣除。企业在进行相关费用的分配时，可以采用包括但不限于实际工时占比的合理方法，保留必要的记录，提供合理有效的凭证，真实准确地归集研发费用。若研发费用与生产经营费用划分不清，不允许进行加计扣除。

大多数油气田企业能够准确、便捷地设置辅助账，但仍有小部分油气田企业在设置辅助账方面存在困难，主要有两方面的原因：一是会计核算和税收核算的研发费用范围存在差异。辅助账是在会计核算的基础上准确归集出税收上可加计扣除的研发费用。如果前期工作做得不到位，企业在设置辅助账时需逐笔分析税会差异，增加了工作量。二是企业未将发生的全部研发费用均纳入"研发支出"进行会计核算。

（四）研发项目申报材料造成的资料备查风险

1. 纳税申报表填写不规范

由于国务院提倡"简政放权、放管结合、优化服务"，研发费用申报由原来的审批、备案改为"自行判别、申报享受、相关资料留存备查"的办理方式，看似为企业简化了流程，实则增加了企业的税收风险。研发费用申报资料可能存在3方面风险。（1）申报资料准备不够完整。企业研发复杂且周期长，所需的资料自然也冗长复杂，若申报准备时资料不全，企业就不能申请加计扣除的优惠政策。（2）申报资料的书面规范问题。企业未按照公告要求提供资料，未按照税务部门要求提供相应的格式，导致申报资料不够规范，内容不够严谨翔实，税务部门在后续的检查中，也会对已享受研发费用加计扣除部分进行纳税调整。（3）研发费用申报资料的申报方式。研发费用申报采用网上申报和资料留存备查方式，研发费用加计扣除申报不仅需要在所得税汇算时在税务局网站进行申报，同时需要在科技局的企业年报上填列。如果报表填列信息不一致，有可能导致研发费用不能加计扣除。

留存备查资料不符合税收规定的风险主要表现在企业对研发费用管理没有一个联合管理运行机构，导致企业部分数据和留存资料不符合税收风险管控要求，如仅有"备案表"，没有制作税法要求的"辅助账汇总表"和"支出明细辅助台账"。

2. 备查资料准备不齐全，资料保管不力

部分油气田企业只注重享受优惠中的会计核算与纳税申报，却忽略了留存备查资料的归档整理。根据税法规定，企业年度所得税纳税申报时，根据研发支出辅助账汇总表，填报研发项目可加计扣除研发费用情况归集表，在年度纳税申报时随申报表一并报送。这里提到的三张表，内在逻辑关系是："归集表"要根据"辅助账汇总表"得来，并随"企业所得税纳税申报表"一并报送。由于取消了事项备案，部分企业逐渐忽视了对留存备查资料的收集。研发费用加计扣除每

第一章 研发费用加计扣除政策实施效应与管理风险分析

年要求一定的核查面，当年度企业不一定会被抽中核查，致使企业未及时对相关资料进行收集整理与归档，可能造成不规范或项目缺失。

（五）加计扣除组织协调产生的申报效能风险

1. 研发费用加计扣除工作组织协调风险

实务工作中，企业研发加计扣除相关部门沟通与配合非常重要。通常情况下，企业科研工作是由科技管理部门负责推进落实，业务部门提出科技需求，财务管理部门与技术部门结合，对研发活动的费用凭证做好归集，但参与研发活动的立项和过程控制较少。生产和业务部门及科研部门对加计扣除不清楚，税收优惠政策了解较少；财务管理部门对研发进程、研发材料领用、研发人员履职情况缺少了解，对研发费用归集很难做到准确反映。因此，针对是否虚列人工费用、是否准确划分混用费用、优惠政策运用等问题，财务人员并不可能完全把握。

2. 税收优惠政策选择不当的风险

从1996年提出加计扣除政策到现在，国家不断出台各项优惠政策，促进企业发展，为企业降费增效创造条件。但是，部分油气田企业仍然存在对加计扣除政策及税收优惠政策了解不到位的情况。例如，对不属于研发活动的"三新"项目进行了加计扣除，对不适用税前加计扣除政策的7项活动进行了加计扣除，对违反委托研发的规定进行了加计扣除。

3. 加计扣除相关人员业务素质产生的业务风险

部分相关人员缺乏系统的税收知识学习，对企业开展的研发活动认识不够清楚，对业务部门提供的数据不能作合理判定，且不能给予相应指导，造成核算偏差。另一方面，近年来，中国研发费用加计扣除政策变动频繁，申报方式、扣除比例等方面都产生了不少变动。部分业务人员没有及时地跟进政策的变动，加计扣除政策方面的知识储备没有及时更新。

4. 加计扣除工作激励机制不健全

部分油气田企业"三新"项目管理绩效考核体系不够完善，研发成本管理绩效考核体系不健全，尚未建立完整的加计扣除绩效考核结果与奖惩措施挂钩机制，研发费用加计扣除申报工作绩效缺乏有效激励，导致加计扣除工作缺乏主动性。

第二章 研发费用加计扣除基础管理体系构建

第一节 厘清研发费用加计扣除相关概念

一、研发活动的内涵与活动方式

（一）研发活动的内涵

《关于完善研究开发费用税前加计扣除政策的通知》（财税〔2015〕119号）指出，研发活动是指企业为获得科学与技术新知识，创造性运用科学技术新知识，或实质性改进技术、产品服务、工艺而持续进行的具有明确目标的系统性活动。即研究与试验发展（R&D）指在科学技术领域，为增加知识总量以及运用这些知识去创造新的应用进行的系统的创造性的活动。

国内外对研发活动类型的划分，没有统一标准，但是对科学研究阶段的研发活动意见比较统一，对试验发展（开发）阶段的划分差异较大（见表2-1）。经济合作与发展组织（OECD）出版的《研究与开发调查手册》《弗拉斯卡蒂手册（第6版）》从研发性质维度，将研发活动分为基础性研究、应用性研究、试验性开发3类。《国家统计局关于印发〈研究与试验发展（R&D）投入统计规范（试行）〉的通知》（国统字〔2019〕47号）中，将研究与试验发展（R&D）活动分为基础研究、应用研究和试验发展三类。国务院《关于优化科研管理提升科研绩效若干措施的通知》（国发〔2019〕25号），将科技项目分为基础研究与应用基础研究项目、技术和产品开发类项目以及应用示范类项目。国务院办公厅《关于完善科技成果评价机制的指导意见》（国办发〔2021〕26号），将科技成果分为基础研究、应用研究、技术开发3类。《科学技术研究项目评价通则》（GB/T 22900—2022），将科学技术研究项目分为基础研究项目、应用研究项目和开发研究项目3类。

表 2-1 中国研发阶段及其活动类型划分依据表

政策名称	关注重点	研究与试验发展（R&D）阶段	
^	^	科学研究阶段	试验发展（开发）阶段
经济合作与发展组织（OECD）出版的《研究与开发调查手册》《弗拉斯卡蒂手册（第6版）》	研发性质维度	基础性研究 / 应用性研究	试验性开发
《国家统计局关于印发〈研究与试验发展（R&D）投入统计规范（试行）〉的通知》（国统字〔2019〕47号）	研究与试验发展（R&D）活动类型	基础研究 / 应用研究	试验发展
国务院《关于优化科研管理提升科研绩效若干措施的通知》（国发〔2019〕25号）	科研项目类型	基础研究 / 应用基础研究	技术和产品开发类 / 应用示范类

续表

政策名称	关注重点	研究与试验发展（R&D）阶段	
		科学研究阶段	试验发展（开发）阶段
国务院办公厅《关于完善科技成果评价机制的指导意见》（国办发〔2021〕26号）	科技成果类型	基础研究 应用研究	技术开发
《科学技术研究项目评价通则》（GB/T 22900—2022）	科学技术研究项目	基础研究 应用研究	开发研究
建议：油气田企业研发活动类型	技术经济特性、创新过程、研发性质三维度	应用性基础研究 应用研究	技术开发研究 技术开发试验

（二）企业研发活动方式

企业研发活动一般分为自主研发、委托研发、合作研发、集中研发以及以上方式的组合。（1）自主研发是指企业主要依靠自己的资源，独立进行研发，并在研发项目的主要方面拥有完全独立的知识产权。（2）委托研发是指被委托单位或机构基于企业委托而开发的项目。企业以支付报酬的形式获得被委托单位或机构的成果。（3）合作研发是指立项企业通过契约的形式与其他企业共同对同一项目的不同领域分别投入资金、技术、人力等，共同完成研发项目。（4）集中研发是指企业集团根据生产经营和科技开发的实际情况，对技术要求高、投资数额大、单个企业难以独立承担，或者研发力量集中在企业集团，由企业集团统筹管理研发的项目进行集中开发。不同类型的研发活动对研发费用归集的要求不尽相同。

二、油气田企业业务范围与研发活动的内涵

（一）勘探开发业务范围

油气勘探是指利用各种勘探手段了解地下的地质状况，认识油气生成、运移、聚集与保存等条件，综合评价含油气远景，确定油气聚集的有利地区，找到储油气的圈闭，并探明油气面积，搞清油气层情况和产出能力的过程。根据了解地下情况的程序和工作特点，油气勘探分为区域勘探、圈闭预探、地震勘探和油气藏评价勘探4个阶段。地震勘探和钻井勘探贯穿于这4个阶段。集团公司科技管理涉及的勘探开发专业包括油气地质、油气物探工程、石油钻井工程、测井技术、油气藏工程、采油采气工程、地面工程、石油装备、油气田安全环保等。

油气开发作业主要由油气藏工程和采油采气工程来完成。例如，天然气开发纲要根据产量将气田开发划分为上产、稳产、产量递减和低产4个阶段，划分节点分别为产量达到方案设计规模、产量开始递减和产量低于方案设计规模20%。

油气勘探开发历程既是高风险作业的历程，更是探索创新的历程。因此，油气田企业生产与经营业务活动中风险与探索创新无处不在，包括但不限于勘探开发业务范围。一是油气勘探领域，包括：地质勘探类、物化勘探类、钻完井工程类、测录井工程类、试采工程类、勘探装备与信息化类、

第二章　研发费用加计扣除基础管理体系构建

勘探安全环保类等研发项目，体现油气勘探业务研发项目的新技术或新产品。二是油气开发领域，包括：油气藏地质、油气藏工程、钻井工程、采油采气工程、地面工程、开发装备、开发安全环保等研发项目，体现油气开发业务研发项目的新技术或新产品。

特别提出的是，风险勘探项目是指针对具有规模发现潜力但地质风险大的新盆地、新区带、新层系和新类型等领域，开展的战略性、全局性研究的科技项目，包括综合地质研究，物化勘探、钻完井等工程技术攻关和现场试验等。由于风险勘探项目必须以勘探工程为依托，因此，仅部分风险勘探活动属于研发项目范围。

另外，根据国家重点支持的高新技术领域目录中第七大类资源与环境技术中，第八项资源勘查、高效开采与综合利用技术明细，与油气田企业相关的高新技术领域，主要包括资源与环境方面，油气田企业轻烃回收、硫黄回收、提氦等。非常规油气资源勘探开发新技术、油气田勘探开发安全环保新技术等，属于研发活动范围。

（二）油气田企业研发活动的内涵

对于油气勘探开发行业，研发活动主要存在于油气自然资源的勘探、开发和生产过程中。而主要从事勘探开发业务的油气田企业，其研发活动是指为了获得油气勘探开发科学与技术新知识，或创造性运用勘探开发科学技术新知识，或实质性改进技术、产品（服务）、工艺而持续进行的具有明确目标的系统性工作，包括科学研究类（应用性基础研究、应用性研究）、试验发展类（技术开发研究、技术开发试验）等2种类型。即油气田企业在勘探开发业务链各环节开展的具有新颖性、创造性、不确定性、系统性、可转移性、可复制性等研发属性的各类科技活动均属于研发活动。研发经费投入是指油气田企业为开展相关勘探开发研发活动的所有经费投入，其他科技投入是指油气田企业为开展除研发活动以外围绕研发活动发生的所有科技经费投入。其研发方式也包括自主研发、委托研发、合作研发、集中研发以及以上方式的组合。

三、基于勘探开发技术创新过程的科技活动阶段划分

完整的技术创新过程是技术成果形成、新产品产生直至成功产业化商业化的过程，具体的创新过程按照时间先后的逻辑关系包括科学研究（基础研究和应用研究）、试验发展、规模化生产和技术运营这些环节。油气勘探开发技术创新是一个开始于研究而最终在勘探开发内外部市场转化应用价值实现的过程，其最终目的是研发成果的商业化运用，为油气田企业取得创新效益。结合前人有关创新过程的研究，按时间发展的逻辑顺序所表现的勘探开发技术创新过程如图2-1所示。

第二章 研发费用加计扣除基础管理体系构建

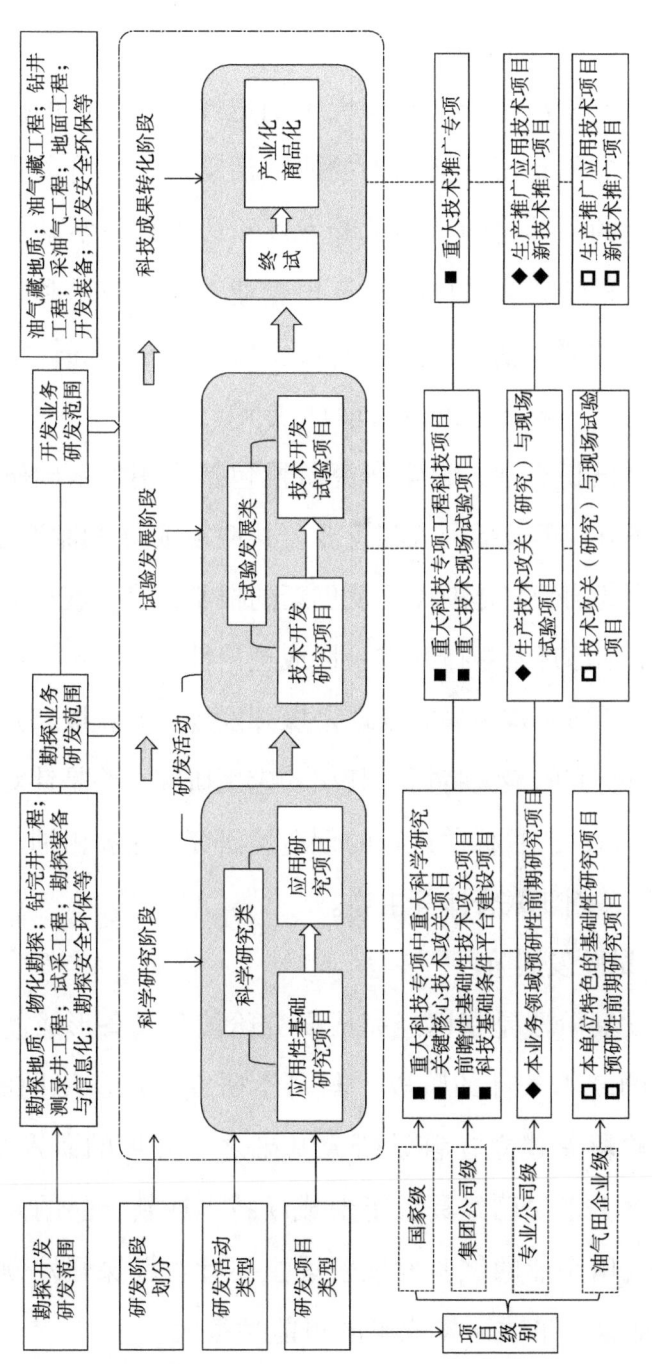

图 2-1 勘探开发技术创新过程、研发阶段与研发项目关系图

（一）科学研究阶段

科学研究阶段是指具有较大不确定性和探索性的研发活动，主要对应的是研发活动中的研究活动。这一阶段主要工作是可探索的，其目的是为试验发展阶段的研发活动提供准备。因此，科学研究阶段是油气田企业对于新技术和新知识进行有计划的研发活动。这个阶段主体活动是目的性很强的探索性活动，一般都会形成阶段性成果。

对于油气田企业，科学研究阶段包括应用性基础研究和应用研究环节，不包括国家和行业公共性领域的基础研究。首先，应用性基础研究是勘探开发创新的根基，是为获得关于勘探开发的基本原理及规律的实验性或理论性活动，主要由石油高校、油气科研机构主导。发现勘探开发规律并获取新知识是应用性基础研究的最大特征。其次，应用研究主要是针对勘探开发实际的目的或目标所进行的创造性研究，主要由油气科研机构、高校、创新联合体等主导。

（二）试验发展阶段

试验发展阶段是指已经完成研究阶段且具备形成新产品或新技术的基本条件的阶段。与科学研究阶段所不同的是，试验发展阶段是建立在科学研究基础之上开展的研发活动，在很大程度上来说已经具备了形成新技术或新产品的条件与动力。油气田企业的试验发展阶段主要针对勘探开发领域现场的研发活动，形成研发成果的可能性很大。

油气田企业试验发展阶段包括技术开发研究、技术开发试验环节。(1)油气技术开发研究是指利用从科学研究和实际经验中获得的现有知识或从外部引进技术,为生产新的产品、装置,建立新的工艺和系统而进行实质性的改进工作中,所进行的支撑性和保障性研究工作,主要研究目的是支撑和保障技术试验、工程技术先导试验、勘探新区新领域技术试验等项目顺利实施。(2)技术开发试验相当于中试,一般由油气田企业、工程项目施工方、科研机构共同参与或共同主导。由于科学研究阶段研发成果只是实验室阶段的初步成果,并不一定符合油气田企业以及勘探开发业务对于科技成果的需求。因此,需要将应用性基础研究和应用研究所产生的研发成果进行再研究,然后进行技术开发试验,即把研发成果经过再研究、设计、技术开发试验转化为油气田企业所需要的研发成果。

(三)科技成果转化阶段

科技成果转化阶段包括规模生产和技术运营环节,主要是对科技成果或引进技术的直接应用,对现存科技产品、服务、技术、材料或工艺流程进行的重复或简单改变。(1)规模生产按勘探开发规模要求把试验发展阶段的成果变为现实生产力,并解决大量勘探开发生产与组织管理问题是这环节的主要任务。规模生产一般由油气田企业独自主导,结合自身资金优势,利用新技术、物力、人力规模化生产创新产品。(2)勘探开发技术运营将技术投入到油气商品开发、生产与销售活动中,通过提高油气商品生产流通环节的技术水平实现增值。值得重视的是，科技成果转化阶段的科技投入远远大于试验发展阶段的投入，而试验发展阶段的投入远大于科学研究阶段的投入。

四、油气田企业研发项目类型

（一）集团公司科技项目类型

《中国石油天然气集团有限公司科技项目管理办法》（中油科技〔2022〕45号）根据管理层级将科技项目划分为A级、B级、C级和D级。A级项目为国家级科技项目，是指列入国务院有关归口管理部门以"国家"或"全国"名义组织实施和管理的各类科技计划或基金项目。B级项目为集团公司级科技项目，包括重大科技专项、关键核心技术攻关项目、前瞻性基础性技术攻关项目、重大技术现场试验项目、重大技术推广专项、科技基础条件平台建设项目6类项目。C级项目为专业公司级科技项目，由专业公司投入经费、立项管理，包括本业务领域预研性前期科学研究类项目、生产技术攻关与现场试验项目、生产应用技术项目、新技术推广项目4类。D级项目为所属单位级科技项目（含所属二级单位设立并组织实施的科技项目），由所属单位根据自身生产经营特点及生产需求，自主投入经费、立项管理，包括具有本单位特色的应用性基础研究和应用研究项目、预研性前期科学研究类项目、技术攻关与现场试验项目、生产应用技术项目、新技术推广项目5类。

（二）油气田企业研发项目类型

1. 研发项目一般内涵

研发项目是进行研发活动的基本组织形式。研发项目内涵包括：获得的科学与技术新知识，创造性运用的科学技术新知识，或实质性改进的技术、产品（服务）、工艺（新知识、新技术、新产品、新工艺）。具体内容如下：

（1）新知识：获得或创造性运用的科学与技术新的知识。

（2）新技术：在一定地域、时限和行业内有创新并具有竞争力的技术，包括：首次发明创造的技术、在原有技术基础上创新发展的技术；技术性能有重大突破和显著进步的技术、对原有技术进行重大改进的技术。

（3）新产品：采用新技术原理、新设计构思研制的新产品；结构、材质、工艺等方面比原有产品有明显改进，显著提高产品性能或扩大产品的使用功能。

（4）新工艺：在一定范围内属首次应用；在工艺路线、加工方法等工艺流程某一方面或几个方面比原有工艺有明显改进，具有独特性、先进性及实用性。

研发活动相较于一般的生产业务，其特点是显而易见的。判别是否为研发活动的3个要素：

（1）有明确创新目标。研发活动一般具有明确的结果导向，如获得新知识、新技术、新工艺、新材料、新产品、新标准。

（2）有系统组织形式。研发活动以项目、课题等方式组织进行，活动围绕着具体的目标，有一定的期限，有较为确定的人、财、物等支持。

（3）研发结果具有一定的不确定性。研发活动的结果是不能完全事先预期的，具有较大的不确定性，有一定的风险并存在失败的可能。

值得提出的是，判断一个活动是研发活动还是普通的生产经营活动不单纯是财务人员的事情，科技管理部门或者研发部门一定要和财务管理部门紧密配合。

2. 油气田企业的科学研究类项目

（1）应用性基础研究项目。根据《科学技术科学研究类项目评价实施指南（基础科学研究类项目）》（GB/T 41619—2022），基础研究项目指为了获得关于客观现象和可观察事实基本原理的新知识（揭示客观事物的本质规律，获得新发现、新概念、新学说），或解决经济社会发展和国家安全中的基础科学问题所开展的科研项目。应用研究项目是指为探索并确定基础研究成果的可能用途，或为达到预定目标采用新技术、新方法或新途径而开展的创造性研究项目。开发研究项目指利用在科学与技术的研究、实践过程中获取的知识和经验，开发新的技术、产品、工艺或改进现有技术、产品、工艺而进行的系统性研究项目。其中，将基础科学研究类项目划分为自由探索类基础科学研究类项目和目标导向类基础科学研究类项目。油气田企业应用性基础研究类可归属为后者。

第二章　研发费用加计扣除基础管理体系构建

　　油气田企业研发一般不涉及国家和行业公共性领域的自由探索类基础科学研究类项目，但因不同区域自然资源禀赋和地质与工程条件差异很大，必然涉及勘探和开发领域中差异化的基础理论、原理、方法等应用性研究。它以勘探开发专门或特定的应用或使用为目标导向，为了获得关于勘探开发现象和可观察事实基本原理的新知识而进行的实验性或理论性研究，其成果成为对特定区域或领域的原则、理论或原理，因而能够对勘探开发科学领域产生重要影响。油气田企业研发主要包括：油气田企业承担集团公司计划下达的自主创新探索和国家油气战略任务的定向性基础研究；对区域性勘探开发的科学数据、资料和相关信息系统地进行采集、鉴定、分析、综合等科学研究的应用性基础性工作等。其成果形式以科学论文、专著、原理性模型或发明专利为主。

　　（2）应用研究项目。应用研究项目是为了确定基础性研究成果可能的用途，或是为了达到预定的目标探索应采取的新方法原理性或新途径。例如上述 A、B、C、D 类中，集团公司级重大科技专项中重大科学研究项目、关键核心技术攻关项目、前瞻性基础性技术攻关项目、科技基础条件平台建设项目等。专业公司级业务领域预研性前期科学研究类项目、油气田企业特色的科学研究类项目、预研性前期科学研究类项目等。

　　应用研究项目的主要特点在于高质量知识产权产出，成果形式以科学论文、著作、原理性模型、发明专利为主。

3. 油气田企业的试验发展类项目

（1）技术开发研究项目。技术开发研究项目是指利用从应用性基础研究、应用研究和实际经验所获得的现有知识，为产生新的产品、材料和装置，建立新的工艺、系统和服务，以及对已产生和建立的上述各项作实质性的改进而进行的系统性研究项目。具体形式包括：原型样机设计、制造、测试，设计新工艺所需要的专用设备和架构，对新产品和新工艺的构思、开发和制造等。油气田企业的技术开发研究项目类型主要是上述A、B、C、D类中技术开发试验项目的支撑性和配套性研究项目。

（2）技术开发试验项目。油气田企业技术开发试验项目主要包括勘探开发技术体系的先导试验、现场试验、科技工程先导试验等。例如上述集团公司级勘探开发研发活动领域的重大科技专项中工程科技项目、重大技术现场试验项目等，专业公司级生产技术攻关（研究）与现场试验项目，油气田企业级技术攻关（研究）与现场试验项目等。成果形式以专利、专有技术、具有新产品基本特征的产品原型或具有新装置基本特征的原始样机为主。

特别提出的是，油气田企业的前期研究项目是指油气田企业根据生产经营需要，安排直属院所开展的前期评价与论证、生产动态跟踪分析、相关政策研究、部署和决策建议、技术支持等项目。工作内容具有较强的年度间重复性及基础性、辅助性、参谋性、及时性、直接性等特点，研究成果将直接应用于勘探开发与生产经营决策之中。因此，这类项目的主体不应属于研发项目。在《中国石油天然气集团有限公司科技项目管理办法》（中油科技〔2022〕45号）中，集团公司级重大技术推广专项、专业公司级生产推广应用技术项目和新技术推广项目、油气田企业级生产推广应用技术项目和新技术推广项目，以及油气田企业为了实际生产应用所列科技项目，大多数都不应归属于研发项目。上述2类项目更不能在实施大科技项目管理中，通过归集到大科技项目方式列入研发项目管理，进而进行"三新"项目鉴定，升级为"三新"项目费用加计扣除，这将会造成严重的涉税风险。

五、油气田企业"三新"项目的内涵

《中华人民共和国企业所得税法》（2007年中华人民共和国主席令第六十三号）第三十条规定，"企业可以对开发新技术、新产品、新工艺发生的研究开发费用进行加计扣除"。实际上，目前已经将"三新"项目的概念扩展为"四新"，即新知识、新技术、新产品、新工艺。新知识类项目是指获得科学与技术新知识。油气田企业新知识类指的是油气勘探开发和新能源利用过程中形成的新理论、新地质认识、新方法、新机理、新规律。为了与国家法律和习惯称谓保持一致，继续沿用"三新"项目这一称谓。在"三新"项目定义基础上，结合油气勘探开发业务特点，明确油气勘探开发领域"三新"项目的定义。

《关于完善研究开发费用税前加计扣除政策的通知》(财税〔2015〕119号)第一条规定,研发活动是指企业为获得科学与技术新知识,创造性运用科学技术新知识,或实质性改进技术、产品(服务)、工艺而持续进行的具有明确目标的系统性活动。

《集团公司研发费加计扣除操作手册》《集团公司科技项目研发费用加计扣除工作指南(试行)》指出,油气田企业所涉及的专业领域的"三新"项目类型主要有:石油地质、油气开发、油气储运、物探、测井、钻完井、井下作业、其他(新能源与可再生能源、安全环保、节能节水等)。

(一)新技术项目

新技术类项目是指在一定地域、时限和行业内有创新并具有竞争力的技术,包括:(1)首次发明创造的技术;在原有技术基础上创新发展的技术。(2)技术性能有重大突破和显著进步的技术。(3)对原有技术进行重大改进的技术。

油气田企业新技术类项目包括:(1)发明创造新技术,包括勘探技术,老油气田提高采收率技术,新区效益建产技术,物探、钻井、测井、录井、完井、试油、储层改造等工程技术,新能源利用技术。(2)在原有技术基础上创新发展、突破技术性能、取得重大改进。

(二)新产品类项目

新产品类项目指采用新技术原理、新设计构思研制的新产品。新产品的结构、材质、工艺等方面比原有产品有明显改进，显著提高产品性能或扩大产品的使用功能。油气田企业新产品类项目包括：(1)采用新技术原理、新设计构思研制的新产品（包含新软件、新工具、新装备、新药剂等）。新产品在结构、材质、工艺等方面比原有产品有明显改进，从而显著提高了产品性能或扩大了使用功能。(2)勘探开发过程中发现的新层系、新领域、新圈闭、新油气田等。

（三）新工艺类项目

新工艺类项目是指在一定范围内属首次应用的工艺；新工艺在工艺路线、加工方法等工艺流程某一方面或几个方面比原有工艺有明显改进，具有独特性、先进性及实用性。油气田企业新工艺类项目包括：自主研发新工艺，在一定范围内首次应用。新工艺在工艺路线、加工方法等工艺流程某一方面或几个方面比原有工艺有明显改进，具有独特性、先进性及实用性。

第二节　加计扣除基础管理体系结构设计

一、基础管理体系结构设计思路

（一）按照科学研究和试验发展类项目分类管理，促进加计扣除目标实现

虽然科学研究类项目和试验发展类项目，所追求的最终目标是一样的，但它们的直接目的或目标却有着本质的差别（见表2-2）。

表 2-2 油气田企业科学研究类和试验发展类项目管理比较表

项目	科学研究类项目	试验发展类项目
项目结构	以应用研究项目为主体，可以包含室内实验、小型现场试验	以技术现场试验或先导试验为主，可以包含先期技术开发研究
依托关系	与工程项目相关或不直接相关，与生产成本信息关联不高	与工程项目关系十分密切，与生产成本信息关联高
成本结构	以费用结构为主	费用和资本结构并存
资金来源	以费用投入渠道为主	以投资渠道为主，以费用渠道为辅
产出方式	论著、方法、模型、原理等	以知识产权产品为主，形成新产品等
管理方式	开题设计	开题设计+试验方案
合作方式	技术开发合同	技术开发合同、现场试验合同
成本分摊方式	主要是人员费用、折旧折耗等	作业费用、人员费用、折旧折耗等

（1）科学研究主要是扩大科学技术知识，是为达到实际应用提供应用原理、技术途径和方法、原理性样机或方案，这是创造知识的过程，而技术开发则是开辟新的应用，即为获得新材料、新产品、新工艺、新系统、新服务以及对上述各项作实质性的改进。

（2）科学研究是为达到实际应用提供应用原理、技术途径和方法、原理性样机或方案，这是创造知识的过程，而试验发展类并不显著增加科学技术知识，而是利用或综合已有知识创造新的应用，与生产活动直接有关，所提供的材料、产品装置是可以复制的原型，而不是原理性样机或方案，提供的工艺、

第二章　研发费用加计扣除基础管理体系构建

系统和服务是可以在实际中采用的。

（二）**围绕加计扣除工作业务流程，开展基础管理工作**

油气田企业应按要求规范开展研发费用加计扣除工作，制定工作流程，明确各部门职责与分工，符合税法关于研发费用加计扣除要求，做到"应申尽申"，用足用好国家税收优惠政策。特别是要注重技术开发试验项目费用的加计扣除。主要包括：

（1）可加计扣除业务判断。

（2）"三新"项目鉴定与管理。研发项目与"三新"项目属性一体化鉴定和管理。深入开展"三新"项目鉴定工作，研发内容必须是就新技术、新产品、新工艺、新材料、新品种及其系统的研发活动。所有纳入油气田企业本单位年度科技投入预算项目必须开展研发项目鉴定工作，规范研发活动识别界定，严格按科技项目进行计划、立项、预算、实施、验收全过程管理。其中，专家论证"三新"项目意见中明确项目新知识、新产品、新工艺、新技术的具体名称。

（3）"三新"项目预算与核算管理。研发项目承担单位按照国家及集团公司相关规定按项目编制全成本预算，实行全成本核算，人员费、折旧费、摊销费等使用工时法等合理方法分摊至科技项目，合理分配非专职人员人工成本、非专用资产折旧摊销等公共支出，严格区分研发支出和生产经营成本费用，完整归集研发支出金额。

（4）"三新"项目税额计算申报。油气田企业与研发合作机构双方必须签订技术开发补充合同，明确知识产权归属，并将合同认证登记作为支付条件在合同中予以明确。研发项目实施过程中，项目承担单位还需要加强委托研发项目管理，并配合财务管理部门的会计处理工作，做好研发费用的加计扣除资料准备。工程施工相关单位积极配合做好发票开具、合同认证登记、费用明细编制和资料整理收集等加计扣除所需的工作。

（三）坚持业财税险基础管理一体化，保障加计扣除工作顺利进行

科技、计划、财务、业务管理部门紧密配合，坚持业财税险基础管理一体化，加快推进科技创新驱动油气田企业高质量发展。应该将科技项目以计划任务书为基本单元的管理方式转变为以合同为单元的项目化管理模式。年研发经费投入预算，实现与投资计划、财务预算和生产计划编制同步。依法合规管理研发项目和经费、研发经费投入统计和研发费用加计扣除。

注重研发业财融合。在研发立项阶段，研发企业要组织相关人员开展可行性研究分析，结合政策、环境、技术、市场等多方面因素对研发项目风险进行较为全面的评估和分析，确定该项目的研发是否具有自身的优势条件、是否符合现实环境政策支持、是否具有较强的成本效益原则等，这是研发风险评估最重要的步骤。在研发项目开展阶段，应组织评估小组对研发项目技术方案、项目管理、预算管理等方面进行跟踪评估，及时发现存在的风险并提出有效解决方案。在项目完成阶段总结经验教训，评估研发项目的得失，为企业其他及后续的研发项目积累经验。

以降低加计扣除相关管理涉税风险为主体，保障加计扣除工作顺利进行。从油气田企业视角，重视税源项目合规风险、税基财税风险、税源统计风险、资料备查风险、申报效能风险，同时关注政府税收风险管理，通过风险评估、提醒、审计以及稽查等手段对税收风险进行防控。

贯彻落实加计扣除政策与制度，强化涉税风险管控系统建设。为鼓励企业加大研发经费投入，加快创新步伐，企业研发费用加计扣除政策不断加码。

二、基础管理体系结构框架设计

根据基础管理系统原理和加计扣除基础管理体系设计依据和思路，构建由5个子系统组成的油气田企业研发费用加计扣除基础管理体系（如图2-2所示）。即：（1）基于综合绩效导向的基础管理目标系统。（2）基于全生命周期的税源项目管理系统。（3）基于项目全成本的税基管理系统。（4）基于合规的税额计算与申报管理系统。（5）基于业财税险的涉税风险管控保障系统。

| 研发费用加计扣除基础管理体系构建——以油气田企业为例 |

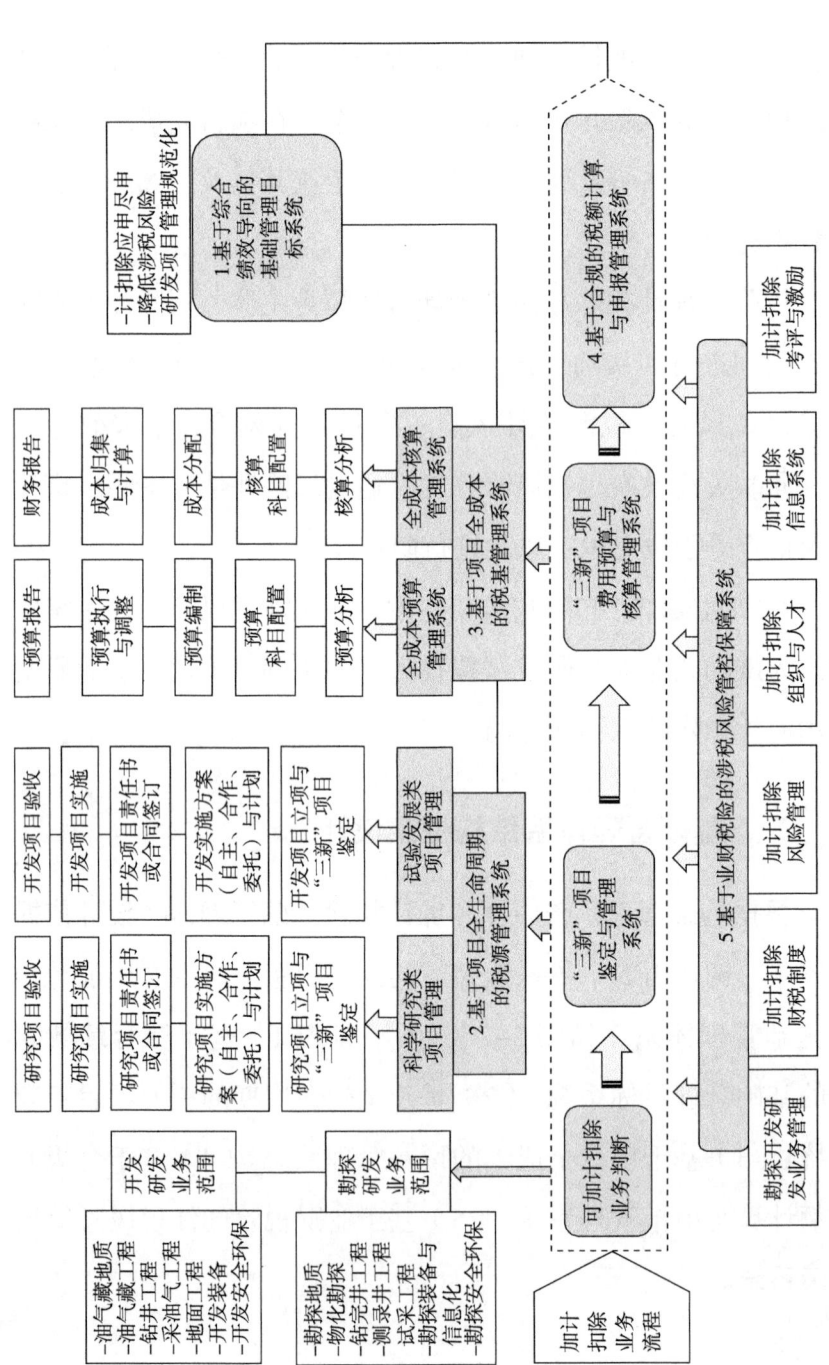

图 2-2　油气田企业研发费用加计扣除基础管理体系结构图

第二章　研发费用加计扣除基础管理体系构建

第三节　加计扣除基础管理体系结构内容

一、基于综合绩效导向的基础管理目标系统

（一）实现研发费用加计扣除应申尽申

通过强化油气田企业研发费用加计扣除基础管理体系建设，保障科学研究类项目和试验发展类项目费用加计扣除工作顺利进行，特别是加大对试验发展类项目的加计扣除工作，实现研发费用加计扣除应申尽申的目标。

（二）有效降低加计扣除涉税风险

通过加强油气田企业研发费用加计扣除基础管理体系建设，对税源项目合规风险、税基财税风险、税源统计风险、资料备查风险、申报效能风险等 5 个方面，分别进行风险识别、评估、应对、控制等管理，制定有效措施，以有效降低加计扣除涉税风险。

（三）推动研发项目管理的规范化

油气田企业研发费用加计扣除基础管理体系建设中，非常重要的是研发项目全业务流程的规范化管理。通过对科学研究类和试验发展类等研发项目从立项到验收等全生命周期进行规范管理，提升"三新"项目管理水平，强化研发项目成本合规管理，保障研发活动资料真实和详尽，抓好研发费用数据管理，保障加计扣除政策执行有效。

二、基于全生命周期的税源项目管理系统

（一）科学研究类项目管理系统

企业要强化对研发全流程的管理，使项目从立项到最终形成研发成果，都有科学规范的基础管理体系保障研发活动进行。科学研究类项目管理系统包括：（1）科学研究类项目立项。（2）科学研究类"三新"项目鉴定。（3）科学研究类项目实施方案（自主、合作、委托）与计划。（4）科学研究类项目责任书或合同签订。（5）科学研究类项目实施。（6）科学研究类项目验收。

（二）试验发展类项目管理系统

试验发展类项目管理系统包括：（1）试验发展类项目立项。（2）试验发展类"三新"项目鉴定。（3）试验发展类项目实施方案（自主、合作、委托）与计划。（4）试验发展类项目责任书或合同签订。（5）试验发展类项目实施。（6）试验发展类项目验收。

三、基于项目全成本的税基管理系统

（一）科学研究类项目全成本管理系统

加强研发项目成本预算的编制和实施。项目批准后，预算人员要参与项目实施过程，使预算的执行能实时处于监控中，

并定期对预算数与实际执行数的差异进行评估和分析,超预算的要进行合理的分析总结及严格的审批,提高预算管理的效率和效果。

科学研究类项目成本预算管理系统包括:(1)科学研究类项目预算分析。(2)科学研究类项目预算科目配置。(3)科学研究类项目预算编制。(4)科学研究类项目预算执行与调整。(5)科学研究类项目预算报告等。

科学研究类项目成本核算管理系统包括:(1)科学研究类项目核算分析。(2)科学研究类项目核算科目配置。(3)科学研究类项目成本分配。(4)科学研究类项目成本归集与计算。(5)科学研究类项目财务报告等。

(二)试验发展类项目全成本管理系统

试验发展类项目成本预算管理系统包括:(1)试验发展类项目预算分析。(2)试验发展类项目预算科目配置。(3)试验发展类项目预算编制。(4)试验发展类项目预算执行与调整。(5)试验发展类项目预算报告等。

试验发展类项目成本核算管理系统包括:(1)试验发展类项目核算分析。(2)试验发展类项目核算科目配置。(3)试验发展类项目成本分配。(4)试验发展类项目成本归集与计算。(5)试验发展类项目财务报告等。

四、基于合规的税额计算与申报管理系统

（一）加计扣除税额计算及主要参数

1. 计算公式

加计扣除税额 = 研发费用可加计扣除基数 × 加计扣除比例 × 企业应税率

2. 主要参数

加计扣除基数：指的是"三新"项目费用中按照加计扣除政策规定的加计扣除费用。

加计扣除比例：按照国家对企业所得税的税收优惠最新政策的扣除比例，根据研发活动中实际发生的研发费用在税前进行加计扣除。其中，委托研发项目加计扣除标准为：（1）对企业委托给外单位进行研发的研发费用，由委托方按照规定计算加计扣除，受托方不再加计扣除。（2）对委托开发的项目，除关联方外，委托方加计扣除时不再需要提供研发项目的费用支出明细情况。（3）委托境外进行研发活动所发生的费用，按照费用实际发生额的 80% 计入委托方的委托境外研发费用。委托境外研发费用不超过境内符合条件的研发费用三分之二的部分，可以按规定在企业所得税前加计扣除。

企业应税率：现行税制中的企业所得税基本税率为 25%；非居民企业适用税率为 20%；符合条件的小型微利企业适用税率为 20%；国家需要重点扶持的高新技术企业适用税率

第二章　研发费用加计扣除基础管理体系构建

为 15%。

（二）加计扣除申报流程及管理

研发费用加计扣除实行备案管理，除"备案资料"和"主要留存备查资料"按照本公告规定执行外，其他备案管理要求按照《国家税务总局关于发布〈企业所得税优惠政策事项办理办法〉的公告》（国家税务总局公告2015年第76号）的规定执行。企业研发补助采取"先备案、后申报"的流程。先备案是当年度备案，须登录所在地省企业研发信息管理系统，在"研发预算制度备案"栏目中填写备案信息。系统开放时间以当年企业所在地省科技厅、财政厅下发的企业研发经费投入预算备案文件规定为准。备案后第2年可申报补助，企业根据企业所在地省科技厅等部门下发的企业研究开发财政补助文件通知，在规定时间内登录所在地企业研发信息管理系统，在"研发财政补助申报"栏目中填写申报资料。

1. 初审

向科技管理部门提交初审材料，审核是否属于研究开发项目。每年12月31日前报送本年度研发项目初审材料，未通过初审的研发项目，不得享受。

2. 鉴证

通过初审的研发项目，其年度研发费用的真实性、合法性与公允性须经有资质的中介机构进行鉴证，并出具年度研发费用鉴证报告。

3. 向主管税务机关申请年度研发费的加计扣除

企业应在年度纳税申报期内（每年5月31日前）向税务机关提交以下材料：通过初审的企业研发项目审查表；企业研发项目实际发生费用年度汇总表；经有资质的中介机构出具的年度研发费用鉴证报告。

4. 提交相关资料

填写《研究开发费用加计扣除申请表》。需要提交如下资料进行申请：（1）自主、委托、合作研发项目计划书（立项的决议文件和鉴定意见）和研发费预算。（2）自主、委托、合作研发专门机构或项目组的编制情况和专业人员名单。（3）自主、委托、合作研发项目当年研发费用发生情况归集表。（4）企业总经理办公会或董事会关于自主、委托、合作研发项目立项的决议文件。（5）委托、合作研发项目的合同或协议。（6）研发项目的效用情况说明、研究成果报告等资料。（7）"研发支出"辅助账。从事研发活动的人员和用于研发活动的仪器、设备、无形资产的费用分配说明（包括工作使用情况记录），集中研发项目研发费决算表、集中研发项目费用分摊明细情况表和实际分享收益比例等资料。（8）企业所在地省税务机关规定的其他资料。

第二章 研发费用加计扣除基础管理体系构建

五、基于业财税险的涉税风险管控保障系统

（一）勘探开发研发活动管理

油气田企业在油气勘探开发过程中难免会对同一区域同时对多个项目进行研发，油气田企业应制定内部管理制度，充分保护研发成果，有效规避项目管理出现的风险。加强项目研发管理应从项目立项开始抓起，各部门对项目可行性进行论证，经相关部门讨论商量确定可行之后再设立专门的研发管理团队，制定相关的管理制度，对项目研发的各个阶段进行有效的管理。

为充分保证研发成果的质量，在研发过程中还需成立专业的鉴定团队，严格对关键技术进行把关。明确各部门以及各个工作人员的相关责任，加强内部的沟通与协调工作，相互监督，相互制约，降低税务风险，保证企业正常高效运转。

（二）加计扣除财税相关制度

研发费用加计扣除工作需由财务管理部门牵头，科技管理部门、科研承担机构协同配合。通过明确职责分工、完善协同工作机制，并建立财税相关制度保障研发费用加计扣除政策落实到位。

健全研发项目管理制度是开展一切研发项目管理活动的前提和指导，因此研发项目在立项的同时就应制定相应的管理制度，基于此制度要求开展项目立项阶段的申请和论证工

作，做好项目执行过程中的检查、考评和验收工作，基于研发成果，还要开展科技推广等工作。

试验发展类项目费用的准确核算离不开完善的制度体系，而制度体系的建立不能单独依靠财务管理部门，应联合与研发活动相关的部门，根据企业自身研发活动的特点，对研发项目的立项、执行、验收等阶段进行准确识别，明确各阶段的工作内容，进而制定研发项目管理制度、预算管理制度以及绩效评价制度。同时，财务管理部门应联合研发部门依据研发项目各阶段的特点，准确划分科学研究阶段与试验发展阶段，对资本化确认制定具体条件，并作为一项会计政策执行，其变更应经董事会或股东会审议批准，以避免对会计政策的滥用。对于油气田企业来说，有必要将研发成本费用核算与管理等相关问题结合起来，统筹发展，加强基础建设，完善相应的科研管理机制和研发体系。

（三）加计扣除风险管理

（1）树立正确的税务风险防范意识。研发费用加计扣除优惠政策相对于其他优惠政策而言，专业性较强，涉及的税收风险也较多。油气田企业应在从事各项经济活动时必须加强税务风险防范意识，特别是企业管理层应增加风险防范意识，减少经营活动中的决策失误，进一步引导企业员工积极参与风险防范，开展相关政策培训，全面了解税收政策，正确把握政策要点，提高员工的专业素质。油气田企业在各项涉税业务活动中要努力做到诚信依法纳税,依法办理各项纳税事宜,防止税务风险。

(2)针对费用归集税务风险的预防。油气田企业应加强研发费用加计扣除风险的规避意识,不断对管理人员进行相关职业技能的培训,提高管理队伍综合素质和自身业务能力。研发部门负责研发项目和所需要费用的预算和申报,财务管理部门实施专账管理。财务管理部门应依据企业实际情况对各研发项目归集分类,设置研发费用明细科目,对研发阶段直接人工费、直接材料费、用于研发活动的设备折旧费、无形资产的摊销费要依据实际工时占比进行分配,专家咨询、资料翻译等其他费用不得超过加计扣除研发费用的10%。做到准确核算,按政策归集研发费用,做好研发支出的辅助账,配合审计工作,避免税务风险,使企业享受最优的税收优惠。除此之外,财务管理部门应积极发挥对数据的核算功能,要实现对数据的精确计算,避免在核算的过程中出现错误,防止因为部门自身的失误给企业带来损失。

(四)加计扣除信息系统建设

油气田企业应健全和完善财务信息系统,对研发技术各个环节进行系统纪录,不仅能更好地汇总分析研发数据,还能利用专业软件得出加计扣除政策的最优方案。充分利用科技信息管理系统,把研发活动涉及的立项可行性论证、项目计划书、年度计划、年度总结、重要会议纪要、人员调配、验收记录、结题报告等资料分项目存档。

严格按照规定留存相关资料备查。加计扣除备案材料包括：

（1）研发项目的证明材料。包括研发项目的计划书、立项的决议文件、开发项目合同。

（2）研发机构及人员。研发项目组的编制情况及研发人员名单。

（3）研发费用的归集表。研发费用发生情况的归集表，研发费用分配说明。

（4）研发费用的辅助账。

企业应从项目立项开始严格按照规定来准备材料，每个项目的资料应及时整理归档，保证材料的真实、完整、详细，以便行政部门进行审查。

（五）**加计扣除工作考评与激励**

按照加计扣除工作目标进行考评，对完成目标的单位，进行多维度多方式激励。例如，按照贡献密切相关性原则，针对研发经费投入强度绩效和加计扣除绩效进行有效激励，激励方式包括评选加计扣除先进工作者，颁发研发经费投入强度绩效奖、加计扣除绩效奖等。

第三章　研发项目全生命周期管理机制模式探索

第一节　科技项目全生命周期综合管理机制模式

一、管理机制模式构建依据

（一）遵从科技项目全生命周期的内涵与阶段特点

1. 科技项目全生命周期管理的定义

所有项目都有其生命周期，项目生命周期可分4个阶段：项目立项期、项目启动期、项目发展成熟期以及项目完成期。科技项目自开始到结束的完整过程遵从生命周期的规律，体现科技项目的探索性、创造性、成果多样性等特点。从广义上讲，科技项目全生命周期包括立项阶段、实施阶段、验收阶段、成果转化应用与评估阶段。

2. 项目全生命周期管理的3个与时间相关的重要概念

项目生命周期中有3个与时间相关的重要概念：（1）检查点指在规定的时间间隔内对项目进行检查，比较实际与计划之间的差异，并根据差异进行调整。（2）里程碑指完成阶段性工作的标志，不同类型的项目里程碑不同，里程碑在项目管理中具有重要意义。(3)基线指一个(或一组)配置项在项目生命周期的不同时间点上通过正式评审而进入正式受控的一种状态。这3个概念描述了在什么时候对项目进行什么样的控制。

(二)发挥科技项目全生命周期管理的作用

1. 有效提升科技项目规范化管理的水平

项目是一项有计划的任务。项目管理涉及人力、资源、时间、技术目标，关系到项目实施的结果。项目的核心控制目标包括质量、安全和环境、工期、成本等，要求项目管理者在计划、组织、协调、指挥、监督等职能方面具备较高的素养，才能确保目标具体、安排科学、过程有效。项目生命周期就是这样一系列项目要素与阶段配置的集合，通过项目全生命周期的各个阶段有着各自的注意事项和管理要点，提升科技项目规范化管理的水平。

油气田企业科技项目管理是一个复杂的对项目群进行科学管理的系统。使用项目全生命周期管理系统，能够让科技项目流程更规范，能更好、更快地交付项目，让项目质量更高更成功，还能节约项目成本。

2. 促进科技项目资源合理分配与数字化管理

科技项目全生命周期管理系统的重点就是帮助油气田企业充分利用企业现有科技资源，通过项目管理系统分配项目资源，让科技团队合理进行协作，同时各个项目又能独立管理，实现智能化的资源分配。

科技项目全生命周期管理系统促进建立项目全生命周期业务数字化平台。它以项目的业务流转为主线，建立与项目相关的技术、计划、采购、执行、人员、现场、验收等各个环节的数字化模块，最终形成一个完整的项目管理数字化平台，以提高各个部门之间的沟通效率，帮助油气田企业更好地分配人力、物力、财力，提高效率又能节省成本。

3. 有利于提高研发项目成本管理水平

科技项目全生命周期成本的管理方法是指一种对科技项目从起始，一直到科技项目转化应用的整个项目生命周期的成本开展全面管理的办法。面对复杂的油气勘探开发对象和快速发展的科技进步，油气田企业在科技方面的投入越来越高，迫切需要提高成本使用效率，项目全生命周期成本管理方法的主要作用是帮助科技人员进行项目决策或项目方案选择以及项目成本的确定与控制。

油气田企业实施科技项目经费的全生命周期管理，对科技项目资金的使用加以规范，从而建立起完善的项目经费内部控制管理体系，使经费使用率得到有效提高，进一步控制油气田企业的科研成本，提高经费管理水平，促进油气田企业科技项目的有效开展。

4. 有利于科学评价科技成果的综合绩效

正确理解和运用全生命周期过程管理的基本知识、工具和技术，识别和分析项目实施过程中的攻关难点和监管盲点，对项目进行组织、协调、监管，这些全生命周期过程管理的方法对于实现项目总体绩效目标是至关重要的。同时，也有利于建立价值评估机制，确保科技创新成果的科学价值、技术价值、经济价值、社会价值、文化价值全面发挥。并且，对油气田企业动态管理研发经费投入强度和加计扣除绩效具有重要作用。

二、管理机制模式构建

（一）构建思路

随着科技项目"精确决策、精确计划、精确控制、精确考核"等精细化管理变革越来越深入，以项目全生命周期视角，对油气科技项目进行全过程、全成本、全绩效进行管控越来越重要。以常用的有4种模型——以流程为基础的模型、以控制为基础的模型、以风险为基础的模型、以质量为基础的模型，对科技项目全生命周期管理机制模型设计加以综合利用，充分重视科技成果转化与价值评估，形成科技项目全生命周期综合管理机制模式。

（二）构建原则

1. 绩效目标导向原则

科技项目有一个总体绩效目标，将这个总体绩效目标划分为若干更加明确的阶段绩效目标，阶段绩效目标以实现总体绩效目标为导向，为实现总体绩效目标服务。因此，科技项目管理是一种多阶段、多层次的绩效目标管理方式。

2. 关键节点控制原则

根据科技项目每个阶段的特征与实施规律，对其采取节点控制，以便对项目全生命周期各阶段的实施状态进行准确监控，并对项目预期目标和实施进度进行有效管理，确保科技项目全生命周期过程管理的有效性。在项目过程管理中，对关键节点实行"里程碑"式管理，并实现项目实施全过程留痕、可回溯。"里程碑"应在项目实施进度计划中，由项目承担单位制定，构成要素为完成时间、责任主体、技术指标、经济指标、证明资料等。项目"里程碑"可按照研究阶段、小试阶段、中试阶段、试生产阶段进行设置，"里程碑"数量须达到4个以上。"里程碑"可在项目考核指标不变的情况下，由项目承担单位根据实际情况，在项目实施期内进行动态调整。

3. 实时动态调整原则

在科技项目全生命周期的每个阶段完成之后都要进行阶段性评估。根据阶段性评估结果以及相关项目技术领域的最新动态和现场应用的实际情况，对项目实施情况进行及时论证，作出合理的调整和变更，最大化地满足科技项目资源的科学均衡配置。

三、管理机制模式设计

科技项目在其生命周期中，有一个比较明确的阶段顺序。通过对任务类型和关键决策点加以区分，将科技项目的全生命周期分为立项阶段、设计实施阶段、结题验收阶段和成果转化阶段。在科技项目管理生命周期每个阶段的具体实施过程中，都应遵循"分段管理、各有侧重、相对分散、有机统一"的原则。

根据油气田企业现行科技项目管理阶段的管理对象、管理特征、管理重点，依据全生命周期综合管理机制模式构建思路与原则，设计出油气田企业科技项目全生命周期管理机制模式框架，如图3-1所示。该框架由4个子系统构成：基于PDCA循环的科技项目全生命周期质量管控系统、基于流程的科技项目全生命周期关键业务管控系统、基于作业成本的科技项目全生命周期成本管理管控系统、基于绩效导向的科技项目全生命周期价值评价。

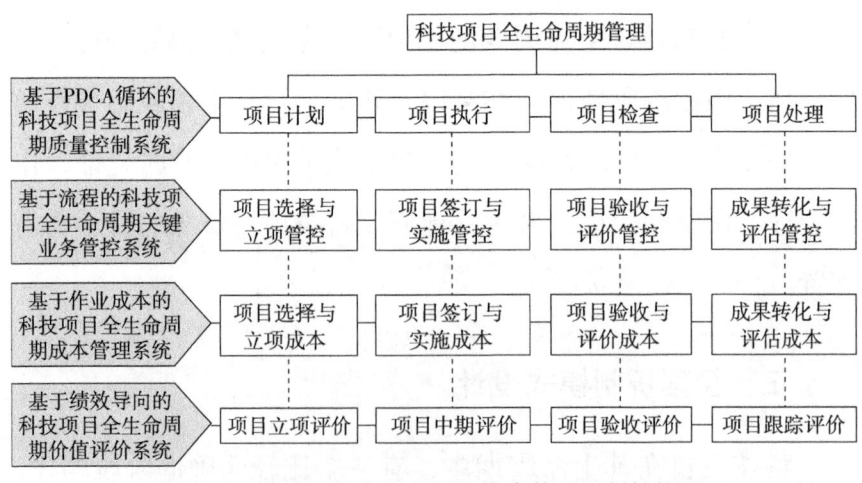

图3-1 科技项目全生命周期综合管理机制结构图

（一）基于PDCA循环的科技项目全生命周期质量管控系统

PDCA循环的含义是将质量管理分为4个阶段，即Plan（计划）、Do（执行）、Check（检查）和Act（处理）。在质量管理活动中，要求把各项工作按照作出计划、计划实施、检查实施效果，然后将成功的纳入标准，不成功的留待下一循环去解决。这一工作方法是质量管理的基本方法，也是企业管理各项工作的一般规律。全面质量管理的思想基础和方法依据就是PDCA循环。

由于油气田企业承担的各种类型科技项目多，迫切需要对科技项目管理体系和运作流程进行研究和分析，构建覆盖科技项目全流程的质量管理体系，从而提高科技项目管理的质量和水平。

（二）基于流程的科技项目生命周期关键业务管控系统

1. 项目选择与立项阶段

油气田企业科技项目管理的主要业务流程包括：项目选择与立项、项目签订与实施、项目验收与管理、成果转化应用与管理等阶段。

在项目选择与立项阶段，油气田企业科技项目立项评选应至少从解决问题的及时性、前瞻性、独立性、可行性、风险性、应用前景等设置评价指标。一方面体现立项的严谨性，另一方面使立项阶段与后续实施阶段、结题验收阶段和成果转化紧密结合。立项审核是科技计划项目管理的第一个阶段，也是项目管理的关键。建立目标明确的项目形成机制，强化顶层设计、需求、问题导向。由油气田企业科技管理部门会同相关部门和专家，根据油气田企业科技创新发展规划，制定当年项目申报指南。围绕申报指南方向，采取定向谋划、"揭榜挂帅"、征集遴选三种方式形成项目。

2. 项目签订与实施阶段

在项目签订与实施阶段。科技计划项目下达后，油气田企业与承担单位签订科技项目合同。科技项目实施阶段是整个过程的重点和核心，这一阶段包括科技项目的开展和控制。对科技项目的质量进行管理，项目负责人按照项目任务书确定的时间、步骤、技术路线等内容组织实施，对课题研究的正常开展进行检查监督和控制，建立起全过程、全方位的跟踪反馈与监督检查机制。

3. 项目验收与管理阶段

对科技项目的验收评价阶段，采用定量指标评价方法和专家定性判断方法综合验收评价，遵循独立性原则、系统性原则、有效性原则、可靠性原则、俭省性原则，同时结合同行专家评价法、模糊综合评价法、人工神经网络法、模糊聚类分析、层次分析法、文献计量法等方法对科技项目进行验收与评价。

验收阶段管理包括：(1) 提出验收申请。(2) 下达项目验

第三章　研发项目全生命周期管理机制模式探索

收通知。（3）成立验收组。（4）验收内容。（5）验收结论分为通过验收、暂缓验收、不通过验收。完成计划任务书（专项合同）要求，验收结论为通过验收。暂缓验收项目，承担单位根据验收意见在半年内补充完成有关工作后，申请再验收。

凡在实验或理论上有创造性、科学水平、实用价值的新技术、新方法、新器材、新药物、新理论、新认识等，具备新颖性、先进性和实用性的都符合科技成果范围，可按国家、省、市有关条例准备相关资料、填写各种申报表、鉴定书，备齐各类资料后按相关程序申报成果奖；相关档案由课题负责人按时立卷归档，归档的文件资料包括：审批文件、任务书、委托书、开题报告书、设计方案、协议书、合同书；实验研究调查、分析、试制、测试、观测和各种载体的重要原始记录和数据，论文清单、成果申报材料、审批材料、成果奖励文件、成果推广使用证明材料、发明证书、奖励、经费收支结算等。整理立卷后移交研究所办公室，同时将获奖证书复印件提交备案。

4. 成果转化与评估阶段

由于油气田企业大部分科技项目是生产性项目，成果在验收前就直接投入实际应用，因此成果的转化与项目的过程管理紧密联系在一起，并不是等到结题验收后才加以应用。再加上科技成果的转化效果和具体经济效益只有在投入应用一段时间后才能评价，因此应对科技成果的应用状况、项目推广及被借鉴的趋势等进行跟踪观察和管理，总结经验教训，以备后用。

（三）基于作业成本的科技项目全生命周期成本管理管控系统

基于作业成本的油气田企业科技项目全生命周期管理的重要意义在于能够保证科技项目安全稳定运行的边界条件下，使科技项目全生命周期中的成本最小。根据科技项目全生命周期各阶段的成本结构，其通用的表达公式为：

科技项目全生命周期总成本＝项目选择与立项成本＋项目签订与实施成本＋项目验收与评价成本＋成果转化与评估成本

（四）基于绩效导向的科技项目全生命周期价值评价系统

科技成果评估是全生命周期管理的核心内容之一，按照以质量、绩效、贡献为核心的科技成果评价导向，建立科技项目立项、实施、验收、成果转化的全生命周期绩效导向评价机制。按照合同书规定的项目考核指标，遵循明确、量化、可考核的原则，对科技项目各个阶段进行评价。

第二节　科学研究类项目全生命周期管理机制模式

研发项目全生命周期管理就是对研发项目立项、"三新"项目鉴定、合同签约、实施、验收、资料存档与知识产权保护等过程，应用需求管理、进度监控、沟通管理、质量管理等技术与工具对项目的相关人员及其执行的活动进行管理以达成研发目标。

一、科学研究类项目选择与立项审批阶段

（一）科学研究类项目范围与选择

依据科学研究活动内涵，科学研究类项目包括应用性基础研究和应用研究项目，并按照《中国石油天然气集团有限公司油气田科技项目管理办法》（中油科技〔2022〕45号），油气田企业承担科技项目有4个层次：（1）国家级科技项目是指列入国务院有关归口管理部门以"国家"或"全国"名义组织实施和管理的各类科技计划或基金项目。（2）集团公司级研发项目包括：油气重大科技专项的重大科学研究类项目、关键核心技术攻关项目、前瞻性基础性技术攻关项目、科技基础条件平台建设项目等中的研发项目。（3）专业公司级研发项目包括：油气勘探开发业务领域预研性前期科学研究类项目中的研发项目。（4）油气田企业级研发项目包括：油气勘探开发特色的科学研究类项目、预研性前期科学研究类项目等中的研发项目，以及油气田企业认定的下属企业投入的研发项目。

实际上，油气田企业下属企业存在事实上的研发项目（E级），E级项目存在问题集中反映"三新"项目认定权威性不足，对科研活动与生产活动难以有效界定，纳入研发经费投入统计与集团项目管理分类不符，与油气田企业纵向管理流

程及制度不配套，未在信息系统进行有效监管等。油气田企业可对其下属企业按照油气田企业研发项目和"三新"项目鉴定专家库专家，以及相关标准和流程进行鉴定，属于研发项目和"三新"项目向油气田企业科技管理部门报备与管理，在探索大科技项目模式管理中，统筹一体化推进科技项目"计划–立项–预算–实施–验收"全过程管理及研发经费投入统计，实现整合项目做到归口管理、一本账管理、规范化管理。

（二）科学研究类项目立项

依据油气田企业科技发展规划、年度科技项目计划，通过科技项目管理信息系统进行立项管理。立项管理包括科技项目顶层设计、开题设计报告编制、开题论证和合同（计划任务书）审批下达。

油气田企业规范的研发项目立项程序就是先通过对勘探开发研发项目需求和成功案例进行调查分析，然后综合勘探开发科技需求预测、投资估算、风险评估等，确定企业研发项目的总方案、技术要求和目标。在立项管理方面，应基于油气田企业发展现状、发展趋势需求和自身实际情况做好调研工作，对研发项目进行充分的科学论证，编制合理的可行性报告。同时，咨询本行业内的专家学者，避免出现盲目立项的问题。油气田企业的财务人员也要参与立项，对投入的资源进行合理测算，编制科学合理的预算方案。

（三）科学研究类项目成本预算编制

科学研究类项目立项成功后，项目组须按研发计划申请更加详细的项目成本预算，按照科学研究类项目计划书或合同节点把控研发进度，通过对项目成本预算及项目过程的管理，使科学研究类项目按照立项计划完成研发任务要求。科学研究类项目审批后，实施按项目进行项目管理和核算，对应每个研发项目成立不同的项目组，由项目负责人全程跟进项目的进展，对每个项目都进行阶段性评估和决策，取得阶段性证明文件，保证科学研究类项目投入产出的核算更加及时有效。预算人员也要参与项目实施过程，使预算的执行能实时处于监控中，并定期对预算数与实际执行数的差异进行评估和分析，超预算的要进行合理分析总结及严格审批，提高预算管理的效率和效果。

二、科学研究类"三新"项目鉴定

（一）科学研究类"三新"项目范围与要求

根据《集团公司研发费加计扣除操作手册》《集团公司科技项目研发费用加计扣除工作指南（试行）》，油气田企业所涉及到科学研究类"三新"项目的专业领域主要有：油气地质、油气开发、油气储运、物探、测井、钻完井、井下作业、其他（新能源与可再生能源、安全环保、节能节水等）等，具体分布在油气田企业承担的 A 类、B 类、C 类及 D 类科学研究类项目中。

油气田企业凡列支研发费用，从事研发活动，均须进行"三新"项目鉴定。科技管理部门依据"三新"项目鉴定操作指引开展科学研究类项目的"三新"项目鉴定工作。经鉴定符合"三新"项目要求的项目，科技管理部门应向财务管理部门提供该项目的《开题设计报告》或《计划任务书》《科研"三新"项目评价表》《科研"三新"项目专家鉴定审查表》《研发人员名单》《仪器设备清单》《无形资产清单》等文件，以供加计扣除工作备查。

（二）科学研究类"三新"项目鉴定方法

1. 负面清单判别法

企业发生的以下一般的知识性、技术性活动不属于税收意义上的研发活动，其支出不适用研发费用加计扣除优惠政策：（1）企业产品服务的常规性升级，如软件从版本2.0升级为2.1、2.2。若是从版本2.0升级为3.0，软件功能发生了较大改变，则可以认为是研发项目。（2）对某项科研成果的直接应用，如直接采用公开的新工艺、材料、装置、产品、服务或知识等。（3）企业在商品化后为顾客提供的技术支持活动。（4）对现存产品、服务、技术、材料或工艺流程进行的重复或简单改变。（5）市场调查研究、效率调查或管理研究。（6）作为工业（服务）流程环节或常规的质量控制、测试分析、维修维护。（7）社会科学、艺术或人文学方面的研究。

第三章 研发项目全生命周期管理机制模式探索

2. 专家判断法

由行业专家对企业获得的新知识、创造性运用新知识以及实质性的改进现有技术产品的创新成果进行判别，判断其是否对所属行业有推动作用。获得科学与技术新知识，创造性运用科学技术新知识，实质性改进技术、产品服务、工艺。有关部门或行业组织建立测定"新知识""创造性运用科学技术新知识"或"具有实质性改进的技术、产品服务、工艺"的标准，进而按照标准进行研发项目判定。

（三）科学研究类"三新"项目鉴定流程与评价表

行业专家判断科学研究类"三新"项目的鉴定流程（如图3-2所示）和评价表（见表3-1）。

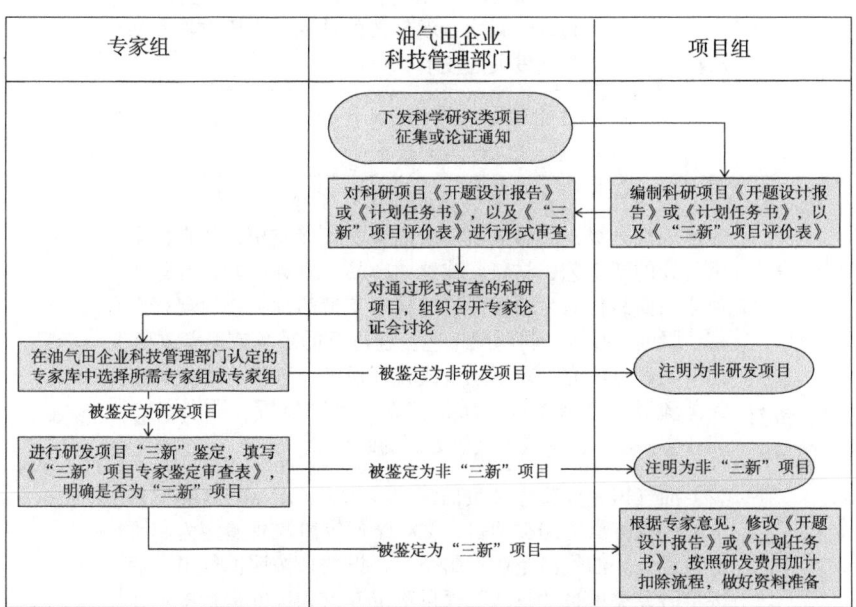

图3-2 研发项目类"三新"项目鉴定流程图

表 3-1 科学研究类"三新"项目评价表

项目名称			
承担单位			
"三新"项目鉴定条件	"三新"类型	具体标准	自评意见
	新知识	获得科学与技术新知识	
	新产品	采用新技术原理、新设计构思研制的新产品	
		在结构、材质、工艺等某一方面有所突破或较原产品有明显改进,从而显著提高了产品性能或扩大了使用功能	
	新工艺	在一定范围内属于首次应用	
		在工艺线路、加工方法等工艺流程某一方面或几个方面比原有工艺有明显改进,具有独特性、先进性及实用性	
	新技术	在一定的地域、时限或行业内具有竞争力的技术,包括:首次发明创造的技术,在原有技术基础上创新发展的技术	
		技术性能有重大突破或显著进步的技术;对原有技术进行重大改进的技术	
"三新"项目负面清单	(1)通用性"三新"项目负面清单:①企业产品(服务)的常规性升级;②对某项科研成果的直接应用,如直接采用公开的新工艺、材料、装置、产品、服务或知识等;③企业在商品化后为顾客提供的技术支持活动;④对现存产品、服务、技术、材料或工艺流程进行的重复或简单改变;⑤市场调查研究、效率调查或管理研究;⑥作为工业(服务)流程环节或常规的质量控制、测试分析、维修维护;⑦社会科学、艺术或人文学方面的研究等		
	(2)油气田企业特色性负面清单:①A、B、C、D类项目中的科技推广应用类项目;②科学研究阶段中鉴定为非研发项目;③油气田企业下属企业开设的未按照油气田企业科学研究类项目"三新"项目鉴定专家和标准进行鉴定并报备的科技项目		

续表

项目组意见	非"三新"项目□　　属于"三新"项目□ 项目负责人：
科技管理部门意见	科技管理部门盖章：
备注	自评意见：详细写明所符合"三新"的创新点，选一个类型写就可以

三、科学研究类项目签订与实施

（一）自主研发

项目承担单位依据合同（计划任务书）及研究进展分阶段制订科技项目实施方案，细化工作目标、进度、人员等，实行不定期检查。油气田企业科技项目实行执行情况报告制度，承担单位每年前通过科技项目管理信息系统，提交项目计划任务年度执行情况报告，关键节点成果定期报告，重大事件随时报告。

强化科技项目实施过程中的动态管理，组织方与承担单位根据项目进展情况，及时提出调整意见。项目组织方提出调整或终止计划任务的，由组织方下达书面调整或终止意见后执行。项目承担单位及项目经理提出调整或终止计划任务的，由承担单位及项目经理提出调整或终止申请报告，经组织方批准后执行。项目经理调整需由承担单位提出申请，经组织方批准。

终止的科技项目，由项目经理组织编制研究报告、财务决算报告，经承担单位审核，按归档要求进行资料归档。

（二）委托研发

委托方与受托方签订技术开发合同。主要内容：（1）进行新技术、新产品、新工艺、新材料、新品种及其系统的研发工作。（2）签订《技术开发合同》约定成果权归属。（3）有明确、具体的科学研究和技术开发目标，合同标的为当事人在订立合同时尚未掌握的技术方案。（4）工作及其预期成果的技术创新内容。

项目承担单位应依据外协研究任务的合同约定督促外协单位履行合同义务，对外协合同执行情况进行监督、检查。

四、科学研究类项目验收

（一）项目验收具体内容

科技项目完成后应进行验收。项目组织方依据合同（计划任务书）组织验收或委托组织验收。验收内容包括：（1）计划任务完成情况（包括攻关目标、研究内容、实物工作量、技术经济考核指标、知识产权完成情况等）。（2）主要创新成果及效果、成果转化情况及前景。（3）对油气田企业主营业务的重要贡献。（4）外协研究任务及其贡献。（5）经费使用及决算情况。（6）组织管理综合评价等。

项目验收前，承担单位应组织开展自验收，原则上在项目到期后3个月内进行，有多个承担单位时，由项目牵头承担单位负责组织，对每个承担单位的内容出具自验收意见，并将作为项目验收的重要依据之一。承担单位通过项目自验收后，向组织方提出验收申请，上报验收资料。

验收资料包括：（1）验收申请表。（2）合同（计划任务书），批准的计划任务调整意见（若有调整）。（3）验收评价报告，应包括成果转化应用方案建议。（4）财务决算报告（需由承担单位财务管理部门出具审核意见）。（5）项目研究报告，包括非涉密的成果简介。（6）外协研究任务验收材料。（7）知识产权总结报告。（8）其他资料，如科学技术成果应用证明、软件代码、定密审查材料、第三方检测报告等。

科技项目验收可采取会议验收、函审验收、现场验收、权威机构检测验收等方式，其中会议验收、函审验收、现场验收应成立验收委员会。根据检测报告确定验收意见和结论。验收专家依据油气田企业科技项目成果评价规则，对科技成果进行量化等级评价，对科技成果的成熟度、先进性、实用性、转化潜力与转化风险给出评价结论。建立项目门禁管理制度，对科技项目全过程进行关键节点管理，每一个节点都要对技术成熟程度和市场潜力进行评价。

（二）科学研究类项目费用统计

根据《国家统计局关于印发〈研究与试验发展（R&D）投入统计规范（试行）〉的通知》（国统字〔2019〕47号）要求，研发经费支出按经费使用主体分为内部支出和外部支出。内部支出是指报告期调查单位内部为实施研发活动而实际发生的全部经费，外部支出是指报告期调查单位委托其他单位或与其他单位合作开展研发活动而转拨给其他单位的全部经费。

研发经费支出是指报告期为实施研发活动而实际发生的全部经费支出。不论经费来源渠道、经费预算所属时期、项目实施周期，也不论经费支出是否构成对应当期收益的成本，只要报告期发生的经费支出均应统计。其中，与研发活动相关的固定资产，仅统计当期为固定资产建造和购置花费的实际支出，不统计已有固定资产在当期的折旧。研发经费支出以当年价格进行统计。

（三）保密与知识产权保护

科技项目在立项、实施和验收全过程中应加强技术保密管理，严格执行油气田企业科技保密管理规定。

（1）科学研究类项目资料存档。对于研发成果的保护不但要体现在企业内部，涉密研发资料、研发成果派专人保管，还要运用法律手段对研发成果进行保护，必要时还需要办理专利申请等。油气田企业在研发及保护研发成果的过程中，应不断分析研发过程中存在的问题，及时总结经验教训，不断改进和提高研发管理水平，为以后研发提供保障促进研发成果快速转化，不断形成自主研发、生产、销售一体化的创新机制。

（2）审计与后评价。项目承担单位应强化科技项目审计监督、财会监督与日常监督的贯通协调，加强事中事后监管。项目组织方及承担单位按照公司有关科技项目经费管理专项审计规定，配合审计管理部门做好相关工作，提供相关工作保障。

五、科学研究类成果价值评估

按照以质量、绩效、贡献为核心的科技成果评价导向，建立科学研究类项目立项、实施、验收、成果转化的全生命周期绩效导向评价机制。建立项目绩效评估分析模型，运用大数据、人工智能等技术手段，形成一套科学判断科技成果绩效的标准化评估体系，全面反映各个阶段科技成果的科学价值、技术价值、经济价值、社会价值、文化价值。按照合同书规定的项目考核指标，遵循明确、量化、可考核的原则，对科技项目进行综合评价。持续通过项目绩效评估分析模型，对科技成果的经济社会效益进行跟踪评价。

根据《科学技术研究项目评价通则》（GB/T 22900—2022），针对科学研究类项目绩效评价，各阶段评价内容：

（1）立项评价内容包括但不限于以下方面：必要性与创新性、研究可行性、预期成效与价值、研究基础与条件。

（2）中期评价。在项目实施过程中，针对项目阶段性任务和目标完成情况进行评价，评价结果可以为项目管理提供参考依据。中期评价时间节点根据项目管理需要确定，可多次开展。中期评价内容包括但不限于以下方面：目标对标、执行进展、阶段性产出、阶段性影响、实施保障等。

（3）验收评价在项目完成后开展，针对项目总体任务和目标完成情况进行评价，评价结果作为项目是否结题的参考依据。验收评价内容包括但不限于以下方面：项目完成情况、项目产出、成果影响、综合管理。

（4）跟踪评价在验收评价完成一段时间后开展，针对项目后续成果产出以及科技、经济、社会等方面的影响进行综合评价。跟踪评价有时效性要求，跟踪评价内容包括但不限于以下方面：成果应用及后续产出、科技影响、经济效益、社会效益。

第三节　试验发展类项目全生命周期管理机制模式

一、试验发展类项目选择与立项

（一）试验发展类项目范围

试验发展类项目活动内涵包括技术开发研究、技术开发试验等。技术开发研究是新的科研成果被应用于新产品、新材料、新工艺的生产、实验过程开展的相关研究。按照税务及统计方面关于研发活动的定义，依据《中国石油天然气集团有限公司科技项目管理办法》（中油科技〔2022〕45号），勘探与开发业务领域的生产应用技术项目中具有研发属性的研究项目、重大技术开发试验项目、先导试验项目、新区新领域风险

第三章　研发项目全生命周期管理机制模式探索

勘探项目中相关研究项目均为技术开发研究项目范围。具体项目包括集团公司级重大科技专项中工程科技和重大技术现场试验、专业公司级生产技术攻关与现场试验、油气田企业级技术攻关与现场试验等项目中的研究项目。

技术开发试验是指油气技术（工艺、产品）的现场试验、技术先导试验、工程技术试验等研发活动（见表3-2）。

表3-2　油气勘探开发试验发展类项目类别及内涵

序号	项目名称		内涵
1	技术开发研究项目		是指利用从科学研究和实际经验中获得的现有知识或从外部引进技术，为生产新的产品、装置，建立新的工艺和系统而进行实质性的改进工作中，所进行的支撑性和保障性研究工作。主要研究目的是支撑和保障技术试验、工程技术先导试验、勘探新区新领域技术试验等项目顺利实施
2	技术开发试验项目	重大开发技术试验项目	是指具有自主知识产权，对油气田主营业务发展具有重要支撑或引领作用的新技术包括新工艺、新装备和新产品等，已成功完成室内实验或试验，具备进入现场试验的条件，业务发展需求明确，试验依托工程落实的"三新"项目试验项目
		工程技术先导试验项目	是指在进入油气藏大规模开发之前，对小块具有代表性地质条件的试验区，按开发设计的基本思想进行先期开发，以观察其开发过程和效果、问题，用以指导开发方案设计和大面积开发的"三新"项目试验项目
		勘探新区新领域技术试验项目	是指对勘探与开发业务具有重大影响，针对列入年度油气勘探计划以外资源基础好、地质风险比较大的新盆地、新地区、新层系和新类型等，开展的战略性、全局性和前瞻性研究的重大"三新"项目试验项目

（1）油气技术（工艺、产品）的现场试验项目，在实际工作工况条件下，进行功能、性能、效果、可靠性等现场验证。

（2）重大开发技术试验项目。依据《中国石油天然气集团公司重大技术现场试验项目管理办法》（中油科〔2014〕262号），重大技术现场试验项目是指具有自主知识产权，对集团公司或油气田企业主营业务发展具有重要支撑或引领作用的新技术包括新工艺、新装备和新产品等，已成功完成室内实验或试验，具备进入现场试验的条件，业务发展需求明确，试验依托工程落实的项目。

（3）工程技术先导实验是为验证工程项目可行性、获取项目或产品的各项参数或验证科学技术正确性而进行的先于规模生产的小规模实验。在油气田开发中，为了提前认识油气藏的开发规律和可能出现的问题，需要进行油气藏开发先导试验，重视先导试验是中国油气藏开发的一条成功经验。

试验发展类项目采用的新技术、新方法，应在室内实验和现场试验基础上，通过技术创新和集成，形成高效、低成本、绿色的油气田开发战略性技术，对同类型或地质条件相近的油气田具有复制和推广作用。技术开发试验项目应编制试验方案，开发试验项目实行全生命周期项目管理。

（二）试验发展类项目立项

油气田企业科技管理部门根据主营业务发展和关键技术攻关需要进行试验发展类项目的顶层设计，依据油气田企业年度科技计划组织开展试验发展类项目立项工作。经专家咨询论证后，提出试验发展类项目立项建议，报油气田企业科委会批准后纳入年度科技项目计划。对于勘探开发生产急需的试验发展类项目，可滚动立项，按程序报批后纳入年度科技项目计划组织实施。

油气田企业科技管理部门组织牵头承担单位和参加单位依据批准的试验发展类项目立项建议，研究编制《油气田企业科学研究与技术开发项目开题设计报告》（简称《开题报告》）、《油气田企业科学研究与技术开发项目知识产权报告》《油气田企业试验发展类项目实施方案》（简称《实施方案》）等。科技管理部门组织召开由计划、财务、工程技术等部门及有关专业的专家参加的论证会，对试验发展类项目的《开题报告》和《实施方案》进行专家论证，形成专家论证意见。

二、试验发展类"三新"项目鉴定

（一）试验发展类"三新"项目范围与方法

根据《集团公司研发费加计扣除操作手册》《集团公司科技项目研发费用加计扣除工作指南（试行）》，油气田企业所涉及专业领域的试验发展类"三新"项目类型主要有：石油地质、油气开发、油气储运、物探、测井、钻完井、井下作业、其他（新能源与可再生能源、安全环保、节能节水等）等领域的试验发展类项目。具体项目也分布在油气田企业承担的 A 类、B 类、C 类及 D 类科学研究类项目中。

油气田企业科技管理部门依据"三新"项目鉴定操作指引开展试验发展类项目的"三新"项目鉴定工作。具体方法与科学研究类"三新"项目鉴定相同。

（二）试验发展类"三新"项目鉴定流程与评价表

试验发展类项目实施前，项目承担单位必须开展试验发展类"三新"项目成果自评估工作。油气田企业科技管理部门组织试验发展类项目实施单位、试验条件提供单位等组成评估专家组对试验发展类"三新"项目成果试验准备情况及试验发展类项目实施建议方案进行评估，符合试验发展类项目实施条件的，组建试验发展类项目实施工作组，编制试验发展类项目实施方案。

试验发展类项目实施方案实行分级评估。重大试验发展类项目实施方案由项目承担单位审核后，报油气田企业科技管理部门组织方案评估，其他试验发展类项目实施方案由项目承担单位组织评估。

试验发展类项目实施实行作业许可认可管理。试验发展类项目实施许可审批按照油气田企业作业许可认可管理规定的业务部门和所属单位的权限划分范围及管理流程执行。根据试验发展类项目实施项目的《开题报告》，组织专家参照科学研究类"三新"项目鉴定流程办理。试验发展类"三新"项目的鉴定流程（如图 3-3 所示）和评价表（见表 3-3）。

第三章 研发项目全生命周期管理机制模式探索

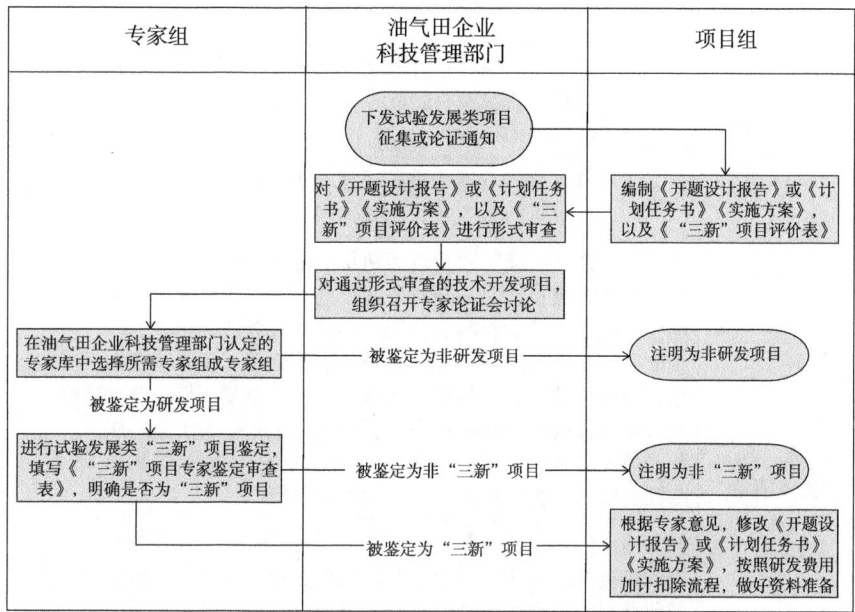

图 3-3 试验发展类"三新"项目鉴定流程图

表 3-3 试验发展类"三新"项目评价表

项目名称			
项目承担单位			
"三新"项目鉴定条件	"三新"类型	具体标准	自评意见
	新知识	获得科学与技术新知识	
	新产品	采用新技术原理、新设计构思研制的新产品	
		在结构、材质、工艺等某一方面有所突破或较原产品有明显改进,从而显著提高了产品性能或扩大了使用功能	
	新工艺	在一定范围内属于首次应用	
		在工艺线路、加工方法等工艺流程某一方面或几个方面比原有工艺有明显改进,具有独特性、先进性及实用性	

续表

"三新"项目鉴定条件	新技术	在一定的地域、时限或行业内具有竞争力的技术，包括：首次发明创造的技术，在原有技术基础上创新发展的技术	
		技术性能有重大突破或显著进步的技术；对原有技术进行重大改进的技术	
"三新"项目负面清单		（1）通用性"三新"项目负面清单：①企业产品（服务）的常规性升级；②对某项科研成果的直接应用，如直接采用公开的新工艺、材料、装置、产品、服务或知识等；③企业在商品化后为顾客提供的技术支持活动；④对现存产品、服务、技术、材料或工艺流程进行的重复或简单改变；⑤市场调查研究、效率调查或管理研究；⑥作为工业（服务）流程环节或常规的质量控制、测试分析、维修维护；⑦社会科学、艺术或人文学方面的研究等	
		（2）油气田企业特色性负面清单：①A、B、C、D类项目中的科技推广应用类项目；②油气田企业非技术开发研究的前期研究项目；③油气田企业下属企业开设的未按照油气田企业试验发展类"三新"项目鉴定专家和标准进行鉴定并报备的科技项目	
项目组意见		非研发项目□非"三新"项目□属于"三新"项目□ 项目负责人：	
科技管理部门意见		科技管理部门盖章：	
备注		自评意见：详细写明所符合"三新"的创新点，选一个类型写就可以。	

三、试验发展类项目签订与实施

（一）试验发展类项目责任书或合同签订

油气田企业科技管理部门组织牵头承担单位和参加单位按照批准的试验发展类项目经费额度签订《中国石油天然气集

团公司科学研究与技术开发项目计划任务书》(简称《计划任务书》)。项目责任书签订相关要求与科学研究类项目责任书一致。

依据《中国石油天然气集团公司重大技术现场试验项目管理办法》(中油科〔2014〕262号),油气田企业试验发展类项目中涉及现场试验内容,需要编制《实施方案》,内容主要包括:试验研究目标、依托工程情况、工程建设内容、试验研究内容、HSE风险评价及应急预案、进度计划与组织管理等。

按照《中国石油天然气集团公司重大技术现场试验项目管理办法》(中油科〔2014〕262号)相关管理要求:(1)《实施方案》现场实施前应由牵头承担单位组织有关专家对相关试验发展类项目实施技术内容进行深入论证审查,通过后报科技管理部门备案,由项目经理负责组织实施。(2)试验发展类项目经费按资本化支出和费用化支出分列,履行相关审批程序后纳入油气田企业投资计划和预算计划。(3)试验发展类项目投资建设部分按照油气田企业投资管理办法有关规定审批。(4)试验发展类项目牵头承担单位一般为现场实施单位,技术提供方、工程设计单位等为参加单位。(5)通过审查的技术开发内容应纳入现场实施单位生产和工程建设计划,并按规定程序完成审批后方可实施。(6)HSE管理和应急预案可根据需要由牵头承担单位按集团公司相关规定组织专家进行专项审查并报实施单位安全环保管理部门批准后实施,未通过审查的不准进入现场实施。(7)试验发展类项目的现场实施应严格按照集团公司质量管理和健康安全环保有关规定执行,接受质量管理部门和健康安全环保部门的监督与管理。(8)试验发展类项目的进度安排应与现场实施单位生产安排紧密衔接。如依托工程生产计划发生变化,试验发展类项目的进度安排须做相应调整,并按规定程序报批或备案。(9)试验发展类项目实行月报制度和信息发布审批制度,项目经理负责月报的编制和上报,每月最后一周周五前完成报送;重大事项应及时上报;对外发布和宣传报道项目重大成果或进展须经科技管理部门批准。跨年项目需提供年度报告。(10)试验发展类项目实行不定期检查制度。科技管理部门根据项目进展情况组织专家进行检查,协调解决实施过程中出现的重大问题。

(二)试验发展类项目实施与管理

试验发展类项目牵头承担单位是试验发展类项目的责任主体,应按照一体化组织模式与参加单位成立联合攻关团队,明确任务和职责,建立健全项目组织机构。

油气田企业试验发展类项目可根据需要成立以下组织机构:(1)领导小组:由牵头承担单位主管领导任组长,参加单位主管领导任副组长,负责总体协调,为项目实施提供人力、物力和财力等条件保障。领导小组可根据需要设立项目管理办公室,负责项目日常管理工作。(2)现场实施组:由牵头承担单位和参加单位相关人员组成,负责试验的现场实施工作。(3)

技术支持组：由技术提供方、现场实施单位、工程设计单位和有关专家等组成，负责工艺、装备、产品和技术等方面的现场技术支持。

试验发展类项目实行项目经理负责制。项目经理在领导小组的指导下开展工作，主要负责组织落实《实施方案》，协调技术支持组和现场实施组工作，负责项目运行管理，保证项目任务完成和目标实现。负责编制《中国石油天然气集团公司科学研究与技术开发项目中期检查报告》《中国石油天然气集团公司科学研究与技术开发项目结题验收报告》等。

违规责任。科技项目现场试验未编制方案，或未按程序审批许可，或未按照审批的方案落实，参照《油气田企业作业许可认可管理规定》和《油气田企业新工艺、新技术、新材料和新设备安全环保管理暂行办法》有关违规责任条款进行处理。造成事故事件的，按照有关规定追究相关人员责任。

（三）**试验实施与总结**

技术开发试验相关单位、部门按照"现场试验实施方案"任务分工，组织、协调试验有序开展，保障试验工作按计划实施，实现预期目的。技术开发试验前应落实现场试验HSE管理责任及作业许可监督认可，按照规定履行作业许可程序，组织开展启动前专项安全检查。

严格技术开发试验质量控制。把好"三新"项目成果试验品的质量关，准确设定现场试验工况、条件，精确测量试验过程参数，规范、完整记录试验数据。技术开发试验过程中，出现下列情况之一，应立即终止现场试验：(1) 出现预先设定的试验终止条件。(2) 出现未审批新的危险作业。(3) 出现未审批新的需要控制的风险作业。(4) 原设计的试验方案需要重大调整。(5) 现场工况变化不具备试验条件。(6) 其他需要终止试验的情况。

技术开发试验后应及时总结，形成现场试验报告。报告内容主要包括：写实现场试验工作情况，分析现场试验记录数据；判别"三新"项目成果试验前后性能、参数、结构、质量等变化；评估现场试验 HSE 管理措施执行情况及效果；归纳总结，形成试验结论。

四、试验发展类项目验收

试验发展类项目完成后 3 个月内由科技管理部门组织正式验收，一般应采用现场验收形式，涉及工程建设内容的项目原则上应先完成工程项目竣工验收。

试验发展类项目正式验收前，牵头承担单位应组织专家进行自验收。由牵头承担单位科技管理部门及项目负责人负责组织，验收材料按集团公司科学研究与技术开发项目管理办法有关规定执行。由组织单位确定验收形式与汇报单元，原则上应对每个任务或每个收款单位进行验收。专家组对项目和各汇报单元形成的自验收专家意见，将作为项目验收的重要依据之一。

项目通过自验收后方可报油气田企业科技管理部门申请正式验收，具体程序如下：（1）验收申请：通过自验收的项目，由项目牵头承担单位组织项目经理，按照自验收专家意见对验收材料进行修改完善，经牵头承担单位科技管理部门会同财务、计划、审计部门审查把关后，由牵头承担单位向油气田企业科技管理部门提出验收申请，并提交1套正式验收材料纸质件和电子版备查。（2）受理与形式审查：油气田企业科技管理部门对验收申请材料进行形式审查，对项目成果总结及相关材料进行预审把关。（3）正式验收（现场核查验收与专家会议验收）。

重大科技专项、重大技术现场试验项目验收前，组织方应委托第三方组织开展项目现场核查，原则上应对经费数额较大或主要任务的承担单位，进行现场核查。现场核查包括技术核查和财务核查。承担单位应配合做好现场核查工作。注重试验发展类项目资料存档。

五、试验发展类成果价值评估

按照以质量、绩效、贡献为核心的科技成果评价导向，建立试验发展类项目立项、实施、验收、成果转化的全生命周期绩效导向评价机制，形成建立科技成果价值评估指标体系，根据科技项目不同类型，按照标准化、差别化、多层次原则，形成具体领域科技成果评价标准及规范，全面反映科技成果的技术、经济、社会价值。按照合同书规定的项目考核指标，遵循明确、量化、可考核的原则，对科技项目进行综合评价。

根据《科学技术研究项目评价通则》（GB/T 22900—2022），针对试验发展类项目绩效评价，各阶段评价内容：（1）立项评价内容包括但不限于以下方面：必要性与创新性、研究可行性、预期成效与价值、研究基础与条件。（2）中期评价。在项目实施过程中，针对项目阶段性任务和目标完成情况进行评价，评价结果可以为项目管理提供参考依据。中期评价时间节点根据项目管理需要确定，可多次开展。中期评价内容包括但不限于以下方面：目标对标、执行进展、阶段性产出、阶段性影响、实施保障等。（3）验收评价在项目完成后开展，针对项目总体任务和目标完成情况进行评价，评价结果作为项目是否结题的参考依据。验收评价内容包括但不限于以下方面：项目完成情况、项目产出、成果影响、综合管理。（4）跟踪评价在验收评价完成一段时间后开展，针对项目后续成果产出以及科技、经济、社会等方面的影响进行综合评价。跟踪评价有时效性要求，跟踪评价内容包括但不限于以下方面：成果应用及后续产出、科技影响、经济效益、社会效益。

试验发展类项目成果价值重点评价在解决关键共性技术问题、企业重大技术创新难题等方面的成效；经济价值重点评价科技成果的推广情况、产生效益、潜在风险等对经济和产业发展的影响；社会价值重点评价在区域社会经济、能源供应安全、生态环境等重大瓶颈问题方面的成效。

强化科技成果价值评估结果应用。项目价值评价结果作为后续项目立项支持依据，形成项目全生命周期闭环管理。科技管理部门每年出具年度科技项目绩效评价报告，综合分析不同类型科技项目产生的绩效，并根据分析结果，提出下一步重点支持方向。

第四章　科学研究类项目成本预算与核算方式优化

第一节　科学研究类项目成本分配方法与机制

成本分配作为一个基本的会计概念，在会计实务中已经得到了广泛应用。进行研发项目成本分配，主要是基于油气田企业单位的经济决策、研发成本合理计算和财务评价的需要，也是基于加计扣除、财务报告和合理确定成本补偿标准的需要。

一、成本分配主要方法

（一）成本分配协议

根据《中华人民共和国企业所得税法》第四十一条第二款以及《企业所得税法实施条例》第一百一十二条的规定：成本分配协议是指企业与其关联方共同开发、受让无形资产，或者共同提供、接受劳务发生的成本，在计算应纳税所得额时，为按照独立交易原则进行成本分配而签订的协议。根据《中华人民共和国企业所得税法》及其实施条例，可以将成本分配协议定义为：企业与其关联方共同开发、受让无形资产，或者共同提供、接受劳务时，按照独立交易原则达成的协议。国家税务总局在《关于印发〈特别纳税调整实施办法（试行）〉的通知》（国税发〔2009〕2号）第六十八条中对于成本分配协议应包括的内容已有规定。成本分配协议的主要特点有：(1) 协议的各参与方均需要共同承担与分摊活动成本和风险。(2) 各参与方都将获得开发、受让无形资产或参与劳务活动的受益权，即享受未来成果收益的权利。(3) 所有参与方无须就使用协议中的无形资产支付特许权使用费。

（二）Shapley 值法的成本分配

Shapley 模型是合作博弈中最重要的概念，它从有效性公理、对称性公理和可加性公理出发，提出合作对策解的概念，主要应用于合作收益成本如何在各成员之间合理分配的问题。对于多参与主体协同合作的研发系统来说，公平合理分摊增量成本和收益，满足各方的利益需求，实现效益均衡十分重要。联盟中合作收益成本是依据每个成员对实现联盟目标的贡献程度进行分配的，对整体贡献越大，分配得到的收益成本越高，避免分配上的绝对平均，比任何一种仅按资源配置效率和资源投入量的分配收益成本的方式都更加公平合理，其结果也更易于被各方接受。当然，Shapley 值法也存在一些不足。

（三）作业成本法

在选择成本分配动因时，可以参考作业成本法做法和理念，用成本对象消耗的作业来确定分摊因子。在研发过程中，成本涵盖了人工成本、固定资产折旧费用、管理费用及其他的燃料动力费用，并且这些费用更是组成预算基数的依据。企业结合自身特点，选择作业成本法，根据研发项目中不同的作业从而采取不同的成本动因，在一定程度上有效提升成本估算过程的科学性、可靠性、全面性，有效将研发项目的成本进行归集。但是，在施行作业成本过程中，由于作业成本法较为复杂，因不确定因素较多，因此，可以运用作业成本法对人工成本、燃料成本和折旧费用等进行分配。

（四）收入分摊法

收入分摊法就是当成本发生需采用一定方法计算后才可直接计入的支出时，把与该项成本相关的研发项目收入计算出来，根据收入的比率来分摊所有的成本费用，由于研发项目的收入是由研发项目的各种收入组成的，一般情况下研发项目收入占收入的比例与研发项目的某项收入占某项收入的比例大致相同，因此采用此方法来分摊成本有一定的代表性。

（五）单位成本分摊法

单位成本分摊法是比较常用的方法，主要包括：标准成本、定额成本、面积分摊法、工作量分摊法等。

（1）标准成本法是指以预先制定的标准成本为基础，用标准成本与实际成本进行比较，核算和分析成本差异的一种产品成本计算方法，也是加强成本控制、评价经济业绩的一种成本控制制度。

（2）定额成本法是成本控制方法中一种常用的方法，制定的定额是实际成本在发生过程中的参照，使执行过程中有据可依，从而达到成本控制的目的。其分摊额度＝某应分摊机构的人力资源成本总额/全机构人员总数 × 某受益研发项目的研发人数。

（3）面积分摊法是将成本根据所涉及研发项目的单位面积来分摊的一种方法，其比较适合由面积来决定成本量的成本，如油气田企业房屋公共部分的维修、安保及房屋类固定资产折旧费用等。

（4）工作量分摊法是将成本根据所涉及研发项目的工作量来分摊的一种方法，其比较适合由工作量来决定成本量的成本分摊。

二、成本分配思路与规则

（一）成本分配思路

1. 按照研发项目类型分别建立成本分配机制

按照科学研究类项目和试验发展类项目分别建立成本分配机制，即按创新要素贡献的科学研究类项目间接成本分配机制；按工程作业成本的试验发展类项目间接成本分配机制。

2. 科学设计和选择科研间接成本分配方法

建立科学的间接成本分配模型，为合理确定科技项目的完全成本、编制科学的科技项目成本预算提供依据和指导。例如，根据油气田企业的实际发生研发成本计算的研发间接成本分配率，以真实反映不同机构的设施和管理体系对研发项目的支持程度，有利于油气田企业加强内部管理，合理控制成本结构。

3. 以分配表作为有效凭证

在研发过程中，相同的资源被不同研发项目共同耗用或者被不同部门领用的问题很普遍。财务人员在研发成本核算中不仅要采用上述分摊方法，还应以分配表作为有效凭证对相关成本进行分摊。

（1）研发人员的职工薪酬等，人力资源部要按月编制工资分配表，分配表中要区分项目名称。

（2）研发部门领用的材料，需要在领料单上注明研发项目、部门、研发人员等；燃料、动力、租赁等直接费用以发票、分配表作为有效凭证。

（3）固定资产折旧费等，以折旧明细表、分配表作为有效凭证。

（4）摊销费以摊销表作为有效凭证。

（5）其他费用根据实际情况编制有效凭证进行归集。

（二）成本分配原则

根据"谁受益谁承担，受益多少承担多少"的分摊成本总体思路，成本分配的基本原则有：

第四章　科学研究类项目成本预算与核算方式优化

1. 科学与公平分摊原则

科学分摊是指以科学的分配理论与方法为基础进行成本分配。公平分摊是指成本分配中的对称性与公平性，所分摊的研发成本与科技项目增加的价值相匹配。

2. 成本与收益配比原则

成本与收益配比原则是指关联方享有的收益应与负担的成本相配比。若不能配比的，则需根据实际情况进行调整。成本分配也要讲究成本效益比，即成本分配本身也是有成本的，而成本分配所带来的效益要远大于成本分配的成本才行。

3. 贡献激励与受益原则

贡献激励原则，在费用分摊过程中，应在注重公平性的基础上讲求效率，对应用资源较少、创造价值量较大、对企业的新品研发作出较大贡献的成果在费用分摊中给予一定的减少，从而促使其竞争力增强。成本分配的受益性原则可以概括为"谁受益、谁负担"，负担多少，视受益程度而定。

4. 基础性与多元性原则

基础性原则。成本分配要以完整的、准确的原始记录为基础依据，不能凭主观臆断乱分配，更不能扰乱成本分配秩序，制造虚假成本信息。

多元性原则。成本分配标准是多元的，成本分配方法是多样化的，成本分配的目的也是多元的。成本分配只有遵循多元性原则，才能科学化和准确化，才能更好地发挥其应有的作用。

（三）成本分配规则与路径

1. 分配规则

费用发生的动因有时候是单一的，有时候又是组合性的。在实践中，为保证分摊成本与系统设置、绩效考核口径一致，要求采用统一的分配规则。例如支持中心、利润中心的成本分配规则可采用资产、负债、表外账户余额组合，管理中心跨机构分配规则选择与机构内管理中心分配规则一致。采用成本分配方法进行成本分配时，要将所有费用都分摊到对应账户中，根据账户各维度信息汇总，将不同业务线、部门、产品和业务成本分配表编制出来。

2. 分配路径

分配路径是指上级部门将成本分配到下级部门的路径，在选择分配路径时，要体现科学性、合理性、不可逆性要求。一般采用先分摊同级内部费用、再跨级分摊的分配路径。

第二节　科学研究类项目成本预算与核算科目优化

一、科学研究类项目成本预算优化思路

（一）依据科学研究类项目特点与费用需求

科学研究类项目研发费用是为开展相关应用性基础研究和应用研究的研发活动所投入的经费。科学研究类项目研发费用

第四章　科学研究类项目成本预算与核算方式优化

通常包括：人员人工费用、直接费用、折旧费用、无形资产摊销、新产品设计费、新工艺规程制定费、勘探开发技术的实验室（小型试验）费用、研发项目涉及的技术服务费，其他相关费用，委托研发费用，等等。具体分为科研机构费用预算和项目费用预算。（1）科研机构费用预算由科研机构所属单位编制，主要包括人员人工成本及设备折旧、租赁及运行费用等，列入所属单位预算。（2）项目费用预算是应与科技项目计划相匹配，主要包括研发人员人工成本、科研设备折旧、租赁及项目直接费用，如：材料费、燃料动力费、科研设备费、管理费、无形资产摊销、其他直接费等，由油气田企业所属单位申报，科技管理部门审核汇总后列入油气田企业年度预算。油气田企业科技研发项目费用预算的资金来源主要包括：国家投入、集团公司投入及专业公司投入、油气田企业自筹4类。油气田企业对自筹及以上级科技研发项目费用实施统筹管理。

根据科学研究类项目和试验发展类项目管理的差异，科学研究类项目可以包含室内实验室，以及小型现场试验项目，成本以费用结构为主，资金来源以费用渠道为主，与工程项目依托间接相关或不直接相关，与工程项目相关的作业费很少或不涉及。因此，科学研究类项目成本结构中不考虑工程项目相关费用，如现场试验费、工程作业费等。

（二）适应加计扣除政策对研发费用结构归集的要求

根据加计扣除相关政策，加计扣除的研发费用具体范围，包括：人员人工费用、直接费用、折旧费用、无形资产摊销、新产品设计费、新工艺规程制定费、勘探开发技术的现场试验费、其他相关费用等。其他相关费用是指与研发活动直接相关的其他费用，如技术图书资料费、资料翻译费、专家咨询费、高新科技研发保险费，研发成果的检索、分析、评议、论证、鉴定、评审、评估、验收费用，知识产权的申请费、注册费、代理费，差旅费、会议费，职工福利费、补充养老保险费、补充医疗保险费。

国家税务总局发布《关于进一步落实研发费用加计扣除政策有关问题的公告》（国家税务总局公告2021年第28号）明确，企业在一个纳税年度内同时开展多项研发活动的，由原来按照每一研发项目分别计算"其他相关费用"限额，改为统一计算全部研发项目"其他相关费用"限额。具体计算公式为：全部研发项目的其他相关费用限额=全部研发项目的人员人工等5项费用之和×10%÷（1–10%）。其中，人员人工等5项费用包括人员人工费用、直接费用、折旧费用、无形资产摊销、新产品设计费、新工艺规程制定费、新药研制的临床试验费、勘探开发技术的现场试验费等。需要说明的是，当"其他相关费用"实际发生数小于限额时，按实际发生数计算税前加计扣除额；当"其他相关费用"实际发生数大于限额时，按限额计算税前加计扣除额。因此，应按照相关要求重视对其他相关费用的预算科目设计，以提高其他

第四章　科学研究类项目成本预算与核算方式优化

相关费用的归集结构质量和水平，降低加计扣除涉税风险。

（三）按照集团公司研发项目全成本预算的要求

1.适应新形势和研发经费投入要求，增设"研发支出"科目

为适应新形势新要求，综合全面反映企业研发经费投入规模，需要统一增设"研发支出"科目，并根据项目来源、管理要求和费用性质设置相应明细科目，同时按照项目名称、专业类型、资金来源等进行辅助核算，分类归集管理企业研究和开发产品、技术、材料、工艺、标准、管理信息系统等过程中发生的研发费用。期末，将本期费用化支出转入损益类科目，将符合资产确认条件的资本化支出转增无形资产或固定资产。

研发费用核算科目的设置应结合会计准则规定、加计扣除、政府科研经费管理办法等规定，按照费用支出类别设置，并按研发项目做辅助核算。具体来说，设置一级科目"研发支出"，按项目进行辅助核算；在一级科目下设"费用化支出"和"资本化支出"二级科目，区分资本化支出和费用化支出；在二级科目下按费用支出类别设置"材料费""人工费""燃动费""折旧费""检测费""委外加工费""资料费""差旅费""会议费""专家咨询费""委托研发"等三级科目，其中对"人工费"还需进一步按照人员类别设置薪金支出、社保支出等科目明细，"委托研发"需按照受托方居所设置境内委托和境外委托等科目明细，以满足油气田企业认定和研发加计核算要求。

另外，对由财政资金补助的科技项目还需按照资金来源设置"专项支出"等明细科目。

2. 依据研发项目投入层级管理方式，实施项目分级分类预算管理

各类研发费用具体科目设置、费用归集等相关处理如下：

（1）纳入国家研发计划的项目。纳入国家研发计划的项目资金来源包括国家核拨资金和企业内部配套资金。结合国家重大科技项目资金管理办法的相关要求，设置"研发支出—国家项目—直接费用""研发支出—国家项目—间接费用"两个三级明细科目，并在"研发支出—国家项目—直接费用"明细科目项下设置"设备费""材料费"等多个四级明细科目。

（2）纳入集团公司研发计划的项目。纳入集团公司研发计划的项目资金来源包括集团公司核拨资金和企业内部自筹资金。根据具体情形设置"研发支出—集团项目—费用化支出""研发支出—集团项目—资本化支出"两个三级明细科目。

（3）根据油气田企业生产经营发展需要开展的研发项目。根据企业发展和生产经营需要开展的研发项目资金来源为企业内部自筹资金。根据实际业务需要应设置"研发支出—内部项目—费用化支出""研发支出—内部项目—资本化支出"两个三级明细科目。

（4）其他研发项目。其他研发项目是指除上述研发项目来源以外的其他研发项目，如其他单位委托项目等。根据研发项

目具体情形应设置"研发支出—其他项目—费用化支出"明细科目。

二、科学研究类项目成本核算优化思路

（一）区分科学研究阶段支出以及试验发展阶段支出

强化研发项目成本预算与核算的一致性，遵从全成本核算相关要求，按照新《准则》中把企业内部研发项目的支出区分为研究阶段支出和试验发展阶段支出。新《准则》中进行了具体阐述，对研究阶段支出以及试验发展阶段支出必须依次进行处置：企业内部研发项目研究阶段的支出，必须纳入发生时计入当期损益，完成研究后进入试验发展阶段所形成的支出在符合一定标准后允许资本化。

（二）准确划分费用化支出与资本化支出

确认资本化的要点在于根据研发项目的可行性研究报告及项目任务书，判断该项新产品、新技术、新工艺是否已经进入试验发展阶段，一旦达到此状态，则之后发生的费用可以作为资本化支出。因此，油气田企业要加快研究成果的评估，对于可以申请知识产权的研究成果，应该由专人或者委托专业机构负责专利的申请手续，避免因为人为原因，无法及时转入无形资产。

油气田企业财务人员要严格按照相关的会计准则要求在研发支出二级科目下设立费用化支出、资本化支出三级科目进行

核算，要将研发支出作为企业创新的推进器，而不是企业利润的调节器。针对研发项目核算类别，信息系统可设置不同的模式优化核算，利用系统数据资源，提高研发费用核算效率和准确性。

三、科学研究类项目成本预算与核算科目简化

（一）集团公司科技项目成本预算科目

根据《中国石油天然气集团有限公司科技项目经费预算编制指南（2021）》，其中明确规定了各课（专）题/任务经费预算表以及各单位经费预算汇总表的内容。各课（专）题/任务经费预算表为纵向表格，左侧为预算科目，包括资本化预算、费用化预算两大类，共计50个明细科目（见表4-1），横向为该科目的具体明细。

表4-1 科技项目成本预算表 （金额单位：万元）

序号	预算科目	合计	XXX	XXX	…
	一、资本化预算				
1	设备费				
2	软件购置费				
3	其他				
	二、费用化预算				
	一）直接费用				
4	材料费				
5	燃料动力费				

第四章 科学研究类项目成本预算与核算方式优化

续表

序号	预算科目	合计	XXX	XXX	…
6	测试化验加工费				
7	检测费				
8	试验检验费				
9	资料解释费				
10	设计制图费				
11	外部加工费				
12	系统维护费				
13	维护及修理费				
14	运输费				
15	租赁费				
16	现场试验费				
17	物探作业费				
18	井下作业费				
19	钻井作业费				
20	测井试井费				
21	录井测井作业费				
22	固井工程费				
23	试油作业费				
24	图书资料费				
25	出版/文献/信息传播/知识产权事务费				
26	咨询费				
27	评审费				
28	委托研发支出				
	其中：外协费				

续表

序号	预算科目	合计	XXX	XXX	…
29	技术服务费				
	其中：外协费				
30	培训费				
31	办公费				
32	差旅费				
33	会议费				
34	国际合作与交流费				
35	人员费				
36	劳务费				
37	折旧费				
38	摊销费				
39	青苗补偿费				
40	土地使用及损失补偿费				
41	事故处理费				
42	废弃液处理费				
43	业务招待费				
44	外宾招待费				
45	团体会费				
46	其他费用				
	二）间接费用				
47	取暖费				
48	物业管理费				
49	管理费				
	三）税				
50	税				
科技项目成本预算合计					

第四章　科学研究类项目成本预算与核算方式优化

（二）科学研究类项目成本预算与核算科目简化

在不影响科技项目的全成本预算和核算前提下，以服务加计扣除，将科学研究类项目的预算与核算三级科目明细从现在的 50 个压减至 12 个（见表 4-2），进一步推动研发项目成本管理水平的提升。值得提出的是，表 4-2 反映科学研究类项目的全成本预算和核算，是表 4-1 中剔除了技术现场试验费和程技术作业费的科目结构。

表 4-2　油气田企业科学研究类项目成本预算与核算科目（建议）

（金额单位：万元）

一级科目	二级科目	三级科目	四级科目	五级科目	核算项目
研发支出	资本化预算	一、设备费	1.设备费		
		二、软件购置费	2.软件购置费		
		三、其他	3.其他		
	费用化预算	四、人员人工费	4.人员费；5.劳务费		
		五、折旧费用	6.折旧费用		
		六、无形资产摊销	7.无形资产摊销		
		七、新产品设计费	8.新产品设计费		
		八、新工艺规程制定费	9.新工艺规程制定费		
		九、委托研发支出	10.委托研发支出 其中：外协费		
		十、技术服务费	11.技术服务费 其中：外协费		
		十一、税费	12.税费		
		十二、其他	13.其他		

注：费用化预算中其他费用包括图书资料费、资料翻译费、专家咨询费、高新科技研发保险费，研发成果的检索、分析、评议、论证、鉴定、评审、评估、验收费用，知识产权的申请费、注册费、代理费，差旅费、会议费、职工福利费、补充养老保险费、补充医疗保险费等 21 项。

第三节　科学研究类项目成本预算与核算处理

在全成本预算中，人员费、折旧费、摊销费使用工时法合理分摊至科技项目，合理分配非专职人员人工成本、非专用资产折旧摊销等公共支出，严格区分研发支出和生产经营成本费用，完整归集研发支出金额。

一、科学研究类项目的人员人工费用

（一）人员人工费用定义

人员费是指直接参加科学研究类项目的研究人员、技术人员、辅助人员的人员费用，包括工资、福利费、住房公积金、保险费、各种津贴及补助，以及外聘研发人员费用。其他管理人员、财务人员、后勤辅助人员均不属于研发人员。即人员人工费包括：直接从事研发活动人员的工资薪金和五险一金，以及外聘研发人员的劳务费。（1）研究人员是指主要从事研发项目的专业人员。（2）技术人员是指具有工程技术、自然科学中一个或一个以上领域的技术知识和经验，在研究人员指导下参与研发工作的人员。（3）辅助人员是指参与研发活动的技工。外聘研发人员是指与本企业或劳务派遣企业签订劳务用工协议（合同）和临时聘用的研究人员、技术人员、辅助人员。（4）外聘研发人员的劳务费用，包括：本企业实际支付给外聘研发

第四章　科学研究类项目成本预算与核算方式优化

人员的工资薪金等费用；接受劳务派遣的企业按照协议（合同）约定支付给劳务派遣企业，且由劳务派遣企业实际支付给外聘研发人员的工资薪金等费用。

为了后期加计扣除工作中人员费的归集，人员费分为两类：一类是工资薪金、基本养老保险、基本医疗保险费、失业保险费、工伤保险费、生育保险费和住房公积金；另一类是职工福利费、补充养老保险费、补充医疗保险费。

（二）人员人工费用预算编制要求

人事劳资管理部门提供上一年度各级别按照技术序列分类或职称人员费的实际水平；科技人员参照人事劳资管理部门提供的资料，结合工作量、研究进度，据实编制人员费预算。（1）对于专职研发人员如果只参加一个科技项目，那么其全部人员费直接编列在此科技项目经费中。（2）如果专职研发人员同时参与几个科技项目，需要预测其在不同项目参与的工时，按照工时法，将其人员费在几个项目中分摊。（3）对于兼职研发人员，按照工时法，将其人员费在项目和其他成本中进行分摊。

劳务费是指项目研究中支付给参与研究的无工资性收入的临时用工人员及访问学者的劳务性费用。劳务费预算应符合本单位的薪酬管理规定，据实编制。劳务费开支标准，参照集团公司或当地科学研究和技术服务业从业人员平均工资及相应的社会保险费水平，根据其在研究项目中承担的工作任务确定。

（三）人工成本分配与核算处理

1. 分配依据和方法

《国家统计局关于印发〈研究与试验发展（R&D）投入统计规范（试行）〉的通知》（国统字〔2019〕47号）规定了研发经费投入统计的基本原则、基本指标等。研发人员按工作时间划分为全时人员和非全时人员。全时人员是指报告期从事研发活动的实际工作时间占制度工作时间90%及以上的人员，其全时当量计为1人年；非全时人员是指报告期从事研发活动的实际工作时间占制度工作时间10%（含）~90%（不含）的人员，其全时当量按工作时间比例计为0.1~0.9人年；从事研发活动的实际工作时间占制度工作时间不足10%的人员，不计入研发人员，也不计算全时当量。

2. 预算分配

项目研发期间人工费用以员工工资、福利费用等为主，虽然基于核算原则需要单独对上述费用进行处理，但实际过程中常常涉及一个人参与多个项目的情况发生。此时应当视情况，选用实际工时等比重方法将研发费用分配至各研发项目，并编制相应的分配表。

3. 核算分配

研发项目是以人力资源投入为主的业务，员工工时投入贯穿项目投标到项目完工的全过程。因工时可量化，既方便记录、统计和分析，又可被赋予工时定额、工时预算、工时结算等管理功能，还可灵活匹配项目、多级子项和作业模块等不同单元，因此工时管理在设计、科研单位被广泛应用，其主要内容包括人员分类、作业单元标准化、工时定额、人工成本定额、工时预算、工时记录、工时统计、工时分摊和数据分析等。

4. 分配管理

企业可以根据实际情况，选择采用工时统计法或主管税务机关认可的其他方法，来分配人员人工费用。对采用工时统计法的企业，项目负责人应定期统计研发人员在各研发项目上的工时，并提交科技管理部门；科技管理部门汇总各科技项目工时后，提交财务管理部门和人事劳资管理部门；人事劳资管理部门应根据研发人员工时记录，定期分配各项目研发人员人工费用并提交财务管理部门。对于同时从事生产活动和研发活动的相关人员，企业需要区分研发实际工时，做好研发工作台账，将人工费用合理分配。

财务管理部门应使用科目对照表将相应会计科目核算的项目费用归集到人员人工费用，再通过 FMIS 系统的加计扣除子模块自动生成"研发支出"辅助账和研发费用归集表，或根据辅助账编号将人员人工费用填入"研发支出"辅助账，并汇总形成研发费用归集表。

二、科学研究类项目的直接费用

（一）直接费用的定义

科学研究类项目研发直接费用是指勘探开发相关应用研究研发活动费用发生时，能直接计入某一研发成本计算对象的费用。即指科学研究类项目研发活动直接消耗的材料、燃料和动力费用；不构成固定资产的样品、样机及一般测试手段购置费，试制产品的检验费；用于研发活动的仪器、设备的运行维护、调整、检验、维修等费用，以及通过经营租赁方式租入的用于研发活动的仪器、设备租赁费。包含企业直接消耗的材料、燃料动力费、模具开模费、设备租赁费、产品试制费用、研发设备涉及的售后维修费用等。

（二）核算处理

财务管理部门应使用科目对照表将相应会计科目核算的项目费用归集到直接费用，再通过FMIS系统的加计扣除子模块自动生成"研发支出"辅助账和研发费用归集表，或根据辅助账编号将直接费用填入"研发支出"辅助账，并汇总形成研发费用归集表。

三、新产品设计费和新工艺规程制定费

新产品设计费和新工艺规程制定费，指科学研究活动在新产品设计和新工艺规程制定过程中发生的与开展该项活动有关

第四章　科学研究类项目成本预算与核算方式优化

的各类费用。按照直接费用进行预算和核算。

四、科学研究类项目的实验室（或小型试验）费

勘探开发技术实验室（或小型试验）费，指在勘探开发技术实验或小型试验过程中发生的与开展科学研究活动有关的各类费用。按照直接费用进行预算和核算。

五、科学研究类项目的折旧费用

（一）折旧费用的定义

折旧费用是指用于科技项目研究的仪器设备、装置及科研用实验室等资产按照制度规定计提的折旧费用，但不包括不动产、车辆等折旧。科研与生产共用的，应严格区分生产、科研预计使用工时，按照工时法，折旧费、摊销费在科技项目与生产成本间进行分摊。

（二）预算编制要求

财务管理部门提供上一年度科研设备折旧、无形资产摊销数据及使用工时标准，科技人员参照财务管理部门提供的资料，结合预计使用工时、研究进度，据实编制预算。（1）对于为一个科技项目专门购置的专用仪器设备、装置，且只适用于该项目，其折旧费全额编列该科技项目。（2）科研专用的仪器设备、装置、实验室、软件同时用于多个项目的，按照各项目预计使用情况，按照工时法，折旧费、摊销费在多个项目之间分摊。以经营租赁方式租入的用于研发活动的仪器、设备租赁费的分配方式，项目负责人应定期统计以经营租赁方式租入的用于研发活动的仪器、设备在各研发项目上的工时，并提交科技管理部门。

（三）核算处理

1. 折旧费用的分配方式

折旧费用指用于研发活动的仪器、设备的折旧费。财务管理部门应先将科研模块折旧中不动产、车辆等折旧剔除。企业可以根据实际情况，选择采用工时统计法或主管税务机关认可的其他方法，来分配折旧费用。对采用工时统计法的机构，项目负责人应定期统计仪器设备在各研发项目上的工时，并提交科技管理部门；科技管理部门汇总各科技项目工时后，提交财务管理部门。财务管理部门应根据仪器设备工时记录，定期分配各项目仪器设备折旧费用。

2. 折旧费用的处理

财务管理部门应使用科目对照表将相应会计科目核算的项目费用归集到折旧费用，再通过 FMIS 系统的加计扣除子模块自动生成"研发支出"辅助账和研发费用归集表，或根据辅助账编号将折旧费用填入"研发支出"辅助账，并汇总形成研发费用归集表。

3. 加速折旧

用于研发活动的仪器、设备选择加速折旧优惠政策的，在年末汇算清缴时进行纳税调整，并做好备查记录，加速折旧部分也能加计扣除。

六、科学研究类项目的无形资产摊销费用

（一）无形资产摊销费的定义

科学研究无形资产摊销费用指用于科学研究活动的软件、专利权、非专利技术包括许可证、专有技术、设计和计算方法等的摊销费用，但不包括商标权、著作权、土地使用权、商誉等摊销。

（二）核算处理

1. 无形资产摊销费用的分配方式

财务管理部门应将科研模块无形资产摊销中商标权、著作权、土地使用权、商誉等摊销剔除。

企业可以根据实际情况，选择采用工时统计法或主管税务机关认可的其他方法，来分配无形资产摊销费用。对采用工时统计法的机构，项目负责人应定期统计无形资产在各研发项目上的工时，并提交科技管理部门；科技管理部门汇总各科技项目工时后，提交财务管理部门。财务管理部门应根据无形资产工时记录，定期分配各项目无形资产摊销费用。

2. 无形资产摊销费用处理

在对研发活动形成无形资产的摊销进行加计扣除时，应从无形资产成本中，剔除不允许加计扣除的资本化研发支出。对

于研发活动形成无形资产的，其摊销年限应符合企业所得税法实施条例规定，除法律法规另有规定或合同约定外，摊销年限不得低于10年。财务管理部门应使用科目对照表将相应会计科目核算的项目费用归集到无形资产摊销费用，再通过FMIS系统的加计扣除子模块自动生成"研发支出"辅助账和研发费用归集表，或根据辅助账编号将无形资产摊销费用填入"研发支出"辅助账，并汇总形成研发费用归集表。

七、科学研究类项目的其他相关费用

（一）其他相关费用的定义

科学研究其他相关费用指与研发活动直接相关的其他费用，如技术图书资料费、资料翻译费、专家咨询费、科技研发保险费，研发成果的检索、分析、评议、论证、鉴定、评审、评估、验收费用，知识产权的申请费、注册费、代理费，差旅费、会议费，职工福利费、补充养老保险费、补充医疗保险费。

（二）其他相关费用的处理

其他相关费用总额不得超过可加计扣除研发费用总额的10%。计算公式为：

其他相关费用限额=（人员人工费用+直接费用+折旧费用+摊销费用+委托研发费用的80%）×10%/（1-10%）

财务管理部门应使用科目对照表将相应会计科目核算的项

第四章 科学研究类项目成本预算与核算方式优化

目费用归集到其他相关费用,再通过 FMIS 系统的加计扣除子模块自动生成"研发支出"辅助账和研发费用归集表,或根据辅助账编号将其他相关费用填入"研发支出"辅助账,并汇总形成研发费用归集表。

八、科学研究类项目的委托研发费用

(一)委托研发费用的定义

科学研究委托研发费用指一方当事人委托另一方当事人进行就新技术、新产品、新工艺、新材料、新品种及其系统的研发工作并签订技术开发合同而支付的科学研究研发费用。委托境内机构进行科学研究,由受托方到登记机构进行合同认定登记;委托境外机构进行科学研究,由委托方到登记机构进行合同认定登记。委托外部研发费用是指企业委托境内其他企业、大学、研究机构、转制院所、技术专业服务机构和境外机构进行研发活动所发生的费用项目成果为企业拥有,且与企业的主要经营业务紧密相关。

委托研发费用按照向受托方实际支付金额的 80% 计算加计扣除。可加计扣除的委托境外机构研发费用,不得超过境内可加计扣除研发费用的三分之二。

(二)预算编制与核算要求

"委托研发支出"用于核算企业委托外部机构或个人进行研发活动所发生的费用。委托研发是科学研究的一种形式,是一方当事人委托另一方当事人进行就新技术、新产品、新工艺、新材料、新品种及其系统的研发工作并提供相应研发经费和报酬,要求有明确、具体的科学研究目标,标的为尚未掌握的技术方案,工作及其预期成果有相应的技术创新内容。

承担单位应结合科技项目实际及组织方的要求编制预算,坚持目标相关性、政策相符性、经济合理性原则,全面、科学、客观、合理编制预算。科技项目外协研究经费根据项目性质不同,实行分类管理:(1)以自主研发为主的科技项目,其外协研究任务经费实行比例额度控制,一般不超过本单位(以计划任务书或合同为单元)费用化预算的30%;其中,重大科技专项和试验发展类项目外协研究任务经费不超过10%,国家级科技项目配套项目原则上不再进行外协研究;确需超过比例的,或单项外协研究任务经费超过1000万元的,应报组织方批准后方可实施。(2)主体需由集团公司与国内外科研机构、高等院校、企事业单位合作研发的国际科技合作项目、国内科技战略合作与创新联合体项目,根据实际需求预算,并以外协研究经费为主,不受前述比例额度限制。(3)集团公司内部单位之间的合作研究经费,不受前述比例额度限制。(4)重大科技专项、重大技术现场试验项目、重大推广专项经费实行审批制度。(5)资本化经费根据投资管理办法有关规定,按投资管理权限划分由组织方或油气田企业科技管理部门组织审查。审查后资本化和费用化经费由组织方报上级主管领导批准后实施。承担单位应按批准的科技项目经费预算执行和管理。费用化、资本化经费需分别管理，两者不得互相串用或相互间调整。(6)费用化经费由组织方在油气田企业财务管理部门下达的年度预算额度内组织审查。

(三)委托研发费用的处理

财务管理部门应使用科目对照表将相应会计科目核算的项目费用归集到委托研发费用，再通过FMIS系统的加计扣除子模块自动生成"研发支出"辅助账和研发费用归集表，或根据辅助账编号将委托研发费用填入"研发支出"辅助账，并汇总形成研发费用归集表。

确定委托研发关系后，双方应尽快签订技术开发合同，在合同中约定形成的知识产权归属归委托方所有或共同所有，建议在合同中明确受托方将技术开发合同在登记机构认定登记后，委托方再支付部分或全部款项。如果受托方是关联企业的，建议在合同中明确要求受托方按照付款进度提交研发项目费用支出明细情况并加盖公章，否则不予支付款项。委托境外机构进行研发活动应签订技术开发合同，并由委托方到登记机构进行认定。

第五章　试验发展类项目成本预算与核算机制创新

第一节　试验发展类项目成本分配方法与机制

一、成本分配思路与规则

试验发展类项目与科学研究类项目的成本分配思路、方法与机制方面基本一致。除了按照研发项目类型分别建立成本分配机制、科学设计和选择科研间接成本分配方法、以分配表作为有效凭证外，试验发展类项目的成本分配还应重视3个方面的工作：

（一）按照集团公司和专业公司相关制度进行成本分配管理

试验发展类项目研发成本是为开展技术开发活动的所有投入，通常包括人员人工费用，直接费用，折旧费用，无形资产摊销，新产品设计费、新工艺规程制定费、勘探开发技术的现场试验费，其他相关费用，委托研发费用，等等。财务归集的研发费用支出包含：技术开发业务支出指为开展新技术、新产品、新工艺的现场试验以及对前瞻性理论技术及

第五章 试验发展类项目成本预算与核算机制创新

工艺储备进行试验等发生的用于研发方面的全部支出,包括勘探开发技术的现场试验费用或工艺技术现场先导试验、直接支撑现场试验或先导试验的科技项目和相关科研机构费用。

集团公司相关制度也很重视技术开发试验项目费用的管理。《中国石油天然气集团有限公司科技经费管理办法(2021)》要求,研发经费投入包括日常性支出、资产性支出和外部支出,其中,包括技术开发试验项目投入。集团公司下属勘探与生产分公司2021年1月发布《油气勘探开发业务研发费用加计扣除工作指南(试行)》,其中工程作业费预算科目中的工程作业费是指项目实施过程中发生的技术开发作业费用,包括现场试验费、井下作业费、测井试井费、风险作业服务费、录井测井作业费、固井工程费、试油作业费等。工程作业费(不含风险作业服务费)与加计扣除费用归集科目的勘探开发技术的现场试验费基本一致。

(二)重视技术开发试验项目的间接费用分摊

间接费用是指不能直接计入技术开发试验项目成本,需要分摊计入的费用,主要包括:管理费用、固定资产折旧费、工资及劳务费等。在进行财务核算时,采用工时比例法进行间接费用分摊。工时比例法是以某项目所耗用的实际或定额工时占全部技术开发试验项目实际或定额工时总额的比例,进行费用分摊。通过对技术开发试验项目进行任务拆分，从作业与资源连接到成本归集，能直观掌握试验过程的经费支出情况，清晰成本构成，帮助分析人员找到技术开发试验项目成本的关键点；同时，使用作业成本与标准成本对技术开发试验项目成本进行归集，弥补了财务在归集间接费用时使用工时分摊法的不足，有效提升了技术开发试验项目成本归集的可靠性、科学性。

（三）协同管理技术开发试验项目经费，共享管理绩效成果

上已述及，技术开发试验项目主要包括重大技术开发试验项目、技术或工程先导试验项目、勘探新区新领域技术开发试验项目等，项目主体依托工程项目实施，涉及相关项目主体多。因此，针对试验发展活动隐身到投资中的情况，定期召开油气田企业、工程施工单位、政府财税部门、财经高校等相关方会议讨论油气勘探开发技术开发试验项目和会计科目优化，油气田企业出台技术开发投入管理办法，通过制度、财务信息明确还原研发经费投入科目和权属。

二、成本分配原则与方法

（一）分配原则

坚持"谁受益谁承担，受益多少承担多少"的成本总体分配原则，技术开发试验项目与科学研究类项目的成本分配的基本原则保持一致，包括分摊的科学性原则、分摊的公平性原则、分摊的贡献激励原则和有效性原则等。

（二）分配方法

上述成本分配协议、Shapley 值法的成本分配、收入分摊法、单位成本分摊法、数量分摊法、作业成本法、平均分摊法、人员费用分配法等，技术开发试验项目成本分配中可择优选用。

特别要强调的是作业成本分配法是技术开发试验项目成本分配中值得重视的方法，特别是针对依托工程作业平台的技术开发试验项目。作业成本法下，作业中心将各类间接费用根据成本动因有理有据地分配到各个产品和服务中，使资源与动作精准匹配，同时提高技术开发试验项目成本精细化管理水平。在实现作业与资源连接的基础上进行成本计算，作业成本与标准成本相结合，对应各任务所耗资源按实际成本归集直接成本，按标准成本归集间接成本。

第二节 试验发展类项目成本预算与核算科目优化

一、试验发展类项目成本预算与核算优化思路

（一）依据试验发展类项目特点与加计扣除政策对研发费用归集

强化研发项目成本预算与核算的一致性，根据科学研究类项目和试验发展类项目管理的差异，试验发展类项目包括技术开发研究和技术开发试验的相关研发活动所有经费投入。试

| 研发费用加计扣除基础管理体系构建——以油气田企业为例 |

发展类项目成本结构的显著特点是包含现场试验费、工程作业费等，其他成本结构与科学研究类项目基本一致。试验发展类项目资金来源以投资渠道为主，成本以投资结构为主，与工程项目实施密切相关，试验发展类项目需依托工程项目实施。

根据加计扣除相关政策，试验发展类项目加计扣除的研发费用具体范围，主体与科学研究类项目趋近，需增加现场试验费、工程作业费等。应按照相关要求重视试验发展类项目预算和核算科目设计，以提高其他相关费用的归集结构质量和水平，降低加计扣除涉税风险。

（二）按照集团公司研发项目全成本预算与核算的要求

按照集团公司研发项目全成本预算的要求，试验发展类项目与科学研究类项目均要实施全成本预算和核算，试验发展类项目也在"研发支出"科目归集。同样，试验发展类项目研发费用核算科目的设置应结合会计准则规定、加计扣除、政府科研经费管理办法等规定，按照费用支出类别设置，并按研发项目做辅助核算。并且依据研发项目投入层级，如纳入国家研发计划的项目、集团公司研发计划的项目、根据油气田企业生产经营发展需要开展的研发项目、其他研发项目，实施项目分级分类预算管理。试验发展类项目成本预算管理需进行项目生命周期全流程管理，从项目编制、审批、下发，到核销、滚动变更、反馈及考核。研发项目成本预算的编制要全面、详尽，并对不可预见事项做好预留，经财务管理部门审核、管理层审批

第五章　试验发展类项目成本预算与核算机制创新

后下发。实行现场试验经费全成本归集管理，科技项目现场试验相关单位应将试验发生费用优先在科技项目中列支。

（三）建立以技术开发合同为导向的核算机制

由于目前实行科技投入以计划任务书为基本单元的专项管理方式，单独核算，导致该项目实际科技投入的预算与核算并不准确。因此，研发经费投入应转变为以合同为基础，实行专项管理，单独核算，更能满足油气田企业在科技项目支出中的实际情况，确保研发经费投入的全成本管理能更好地实施。

技术开发合同是当事人之间就新技术、新产品、新工艺、新品种或者新材料及其系统的研发所订立的合同。技术开发合同包括委托开发合同和合作开发合同。在签订合同时，有时会需要签订附加合同。附加合同中的技术合同分为技术开发合同、技术转让合同、技术许可合同、技术咨询合同和技术服务合同。油气田企业在签订科技活动的相关合同时，应签订技术合同，合同应以技术开发合同和技术转让合同为主，技术咨询、技术服务、技术许可合同可随技术开发合同或技术转让合同签订。在签订过程中，科技管理部门应请专家进行项目鉴定，将项目按科技项目的研发与非研发、"三新"与非"三新"项目进行划分，以便更好地做预算与核算，并可以直接在系统中获取所需数据。

（四）加强技术开发试验项目经费预算和核算管理

试验发展类项目成本预算同样按照全成本口径编制，包括技术开发研究经费和技术开发试验经费。对直接下达的研发经费，按照专项经费管理；对通过在其他渠道下达的生产投资费用中，列支的试验发展类项目经费，应签订技术开发合同给予明确。承担单位不仅须签订配套经费承诺书，明确配套支持内容、任务工作，还需要在试验发展类项目合同中预算和核算。

准确划分费用化支出与资本化支出。试验发展阶段资本化的条件：（1）完成该无形资产以使其能够使用或出售在技术上具有可行性。（2）具有完成该无形资产并使用或出售的意图。（3）无形资产产生经济利益的方式，包括能够证明运用该无形资产生产的产品存在市场或无形资产自身存在市场，无形资产将在内部使用的，应当证明其有用性。（4）有足够的技术、财务资源和其他资源支持，以完成该无形资产的开发，并有能力使用或出售该无形资产。（5）归属于该无形资产试验发展阶段的支出能够进行可靠计量。

二、试验发展类项目成本预算与核算科目简化

（一）试验发展类项目成本结构与经费预算

技术开发研究项目经费预算的成本结构与科学研究类项目一致。技术开发试验经费指与研发项目有关的现场试验费、工程技术作业费、信息系统维护费，以及机构费用摊销（人员费、折旧费、摊销等费用）等费用。

第五章　试验发展类项目成本预算与核算机制创新

技术开发试验项目经费概算应遵循以下原则：（1）利用WBS工具细化项目。（2）试验发展类项目，其成本由设计费、材料费、外协费、专用费、试验费、固定资产使用费、人员工资及管理费等共8项组成。（3）经费概算"量出为入"，经费控制"量入为出"。（4）利用经费概算的规范化、标准化、信息化，不断改进完善概算方法，使概算数据尽可能精确，提高经费概算质量和效率。为持续推进AEOS研发体系建设工作，对试验技术进行梳理，将试验分为性能试验及强度试验两大类，改变以往将整个试验作为核算对象的方式，将技术开发试验项目中各阶段各任务进行拆分，同步对应计算各任务所需资源，实现"作业—资源—成本"联动关系的可视化，在此基础上进行成本归集。

（二）试验发展类项目成本预算与核算科目简化

根据《中国石油天然气集团有限公司科技项目经费预算编制指南（2021）》，保障技术开发研究项目经费预算的成本结构与科学研究类项目一致性，依据试验发展类项目成本预算与核算优化思路，在不影响科技项目的全成本预算和核算前提下，以保障加计扣除工作顺利进行，将科技项目的预算与核算科目明细从50个压减至13个（见表5-1），促进试验发展类项目成本结构优化与管理创新。值得提出的是，表5-1既反映科技项目的全成本预算和核算，也符合试验发展类项目成本预算与核算的需要。

表 5-1 油气田企业试验发展类项目成本预算与核算科目（建议）

（金额单位：万元）

一级科目	二级科目	三级科目	四级科目	五级科目	核算项目
研发支出	资本化预算	一、设备费	1. 设备费		
		二、软件购置费	2. 软件购置费		
		三、其他	3. 其他		
	费用化预算	四、人员人工费	4. 人员费； 5. 劳务费		
		五、折旧费用	6. 折旧费用		
		六、无形资产摊销	7. 无形资产摊销		
		七、新产品设计费	8. 新产品设计费		
		八、新工艺规程制定费	9. 新工艺规程制定费		
		九、委托研发支出	10. 委托研发支出 其中：外协费		
		十、技术服务费	11. 技术服务费 其中：外协费		
		十一、技术现场试验费	12. 现场试验费； 13. 工程技术作业费		
		十二、税费	14. 税费		
		十三、其他	15. 其他		

注：（1）费用化预算中工程技术作业费包括物探作业费、井下作业费、钻井作业费、测井试井费、录井测井作业费、固井工程费、试油作业费等 7 项。（2）费用化预算中其他费用包括：图书资料费、资料翻译费、专家咨询费、高新科技研发保险费、研发成果的检索、分析、评议、论证、鉴定、评审、评估、验收费用，知识产权的申请费、注册费、代理费，差旅费、会议费，职工福利费、补充养老保险费、补充医疗保险费等 21 项。

第三节　技术开发试验项目成本预算与核算处理

科学研究类项目与试验发展类项目中技术开发研究项目总体上属于研究类项目，在业务流程和费用结构上趋同，其成本预算与核算处理基本一致。因此，本节重点讨论技术开发试验项目的成本预算与核算处理问题。

一、技术开发试验项目的人员人工费用

（一）人员人工费用定义

人员人工费用是这些直接从事技术开发研究和技术开发试验的研究人员、技术人员、辅助人员等工资薪金、五险一金等费用，以及外聘人员的劳务费用。技术开发试验项目的人员人工费用主要包括从事现场试验和工程技术作业的技术人员、技术管理人员、技术辅助人员等工资薪金、五险一金等费用，以及外聘人员的劳务费用。由于技术开发试验项目需要依托工程项目实施，工资薪金的分摊基数按照技术开发试验项目的人员结构进行划分和统计实际工时总额。

（二）人员人工费用预算编制要求

人事劳资管理部门提供上一年度各级别按照技术序列分类或职称人员费的实际水平；科技人员和技术管理人员参照人事

劳资管理部门提供的资料，结合工作量、研究进度，据实编制人员人工费用预算。

（三）人工成本分配与核算处理

技术开发试验项目成本分配依据和方法、预算分配、核算分配、分配管理等与科学研究项目级别一致。作业成本法下，整理技术开发试验阶段实际工作项目清单，分别确定单个项目的参与人数和人均参与天数，计算相应的人工成本。计算公式为：人工成本＝∑参与人数×人均参与天数×8×人均小时费率。

二、技术开发试验项目的直接费用

（一）直接费用的定义

技术开发试验直接成本是指能直接计入技术开发试验成本的费用，主要包括：直接材料、专用费、外协费、燃料动力费、事务费。（1）材料费。材料费是指在技术开发试验项目研制过程中，必须使用的各种外购原材料、辅助材料、成品、半成品和专用低值易耗品等所需费用，包括购买价款及运输、保险、装卸、筛选、整理、质保、废品损失等费用，以及相关税费。（2）专用费。专用费是指在技术开发试验项目研制过程中必须发生的专用工具软件费、技术引进费、专用工艺装备费、随产品交付的专用测试仪器设备购置费、知识产权使用费以及经国家和企业认可的保险费等。自制专用产品或技术发生的费

第五章 试验发展类项目成本预算与核算机制创新

用按照其属性分别计入到材料费、工资及劳务费、管理费等科目。(3)外协费。外协费是指在技术开发试验项目研制过程中,本所由于自身的技术、工艺和设备等条件限制,必须由外单位进行研制、研究、设计、加工、检测、软件评测、试验等所需的费用。(4)燃料动力费。燃料动力费是指在技术开发试验项目研制过程中直接消耗且可以单独计算的水、电、气、燃料等费用。燃料动力费根据批准的研制内容明确的产品和部件数量、试验次数,以及消耗标准和价格计列,不包括机构日常运行所发生的间接同类费用。(5)事务费。事务费是指在技术开发试验项目研制过程中必须发生的会议费、差旅费和专家咨询费。外场试验和野外作业工作量大的项目,研制人员所需差旅费,以及被试品、陪试品及专用工具、设备等所需的运输费和装卸费,可在事务费中单独据实列支。

(二)预算编制要求

试验发展类项目与科学研究类项目的预算编制要求基本一致,但是还需要增加工程技术作业费和现场试验费预算。其中,费用化预算中工程技术作业费包括:物探作业费、井下作业费、钻井作业费、测井试井费、录井测井作业费、固井工程费、试油作业费等7项。根据集团公司预算编制指南,工程技术作业费用包括:(1)资料解释费:是指与研究或技术开发试验项目直接相关的地震、测井等资料进行处理和解释所发生的费用。(2)物探作业费:是指依据技术开发试验项目所需要按照地震数据采集设计要求将一定数量的激发点和接收点以点、线或面积方式布设，并在地面（地下）进行地震数据采集发生的费用，包括二维地震采集、三维地震采集、井间地震、VSP、物化勘探等。（3）井下作业费：是指技术开发试验项目需要开展油、气、水井压裂和酸化、调剖、堵水、排水、大修，油、气层防砂、治沙等井下作业费用。（4）测井测试费：是指技术开发试验项目直接需要的系统试井、地层测试、产液剖面、吸水剖面等资料所发生的费用。现场试验费是指技术开发试验项目需要对新产品、新工艺、新技术等开展现场试验发生的费用。

三、技术开发试验项目的折旧费用

（一）折旧费用的定义

技术开发试验折旧费用指用于技术开发试验的设备和仪器等固定资产折旧费，但不包括不动产、车辆等折旧。

（二）核算处理

作业成本法下，技术开发试验项目列支的资产折旧成本＝∑资产年折旧额 × 资产使用时数 ÷ 资产年度额定时数。其中，资产年折旧额为资产按类型确定的年折旧价值；资产使用时数为资产用于本技术开发试验项目的工作时数，试验装备按占台时数计，辅助设备设施以及其他资产按运行时数计；资产年度额定时数是根据试验装备/辅助设备设施的能力，在年度工作日中，除去资产例行检修、保养、检定等时间以外的可运行时数。

四、技术开发试验项目的无形资产摊销费用

（一）无形资产摊销费的定义

技术开发试验项目的无形资产摊销费用指用于技术开发试验活动的软件、专利权、非专利技术包括许可证、专有技术、设计和计算方法等的摊销费用，但不包括商标权、著作权、土地使用权、商誉等摊销。

（二）核算处理

技术开发试验项目的无形资产摊销费用的分配方式和费用处理与科学研究类项目一致。

五、技术开发试验项目的其他相关费用

（一）其他相关费用的定义

技术开发试验项目的其他相关费用指与试验发展活动直接相关的其他费用，如技术图书资料费、资料翻译费、专家咨询费、高新科技研发保险费，研发成果的检索、分析、评议、论证、鉴定、评审、评估、验收费用，知识产权的申请费、注册费、代理费，差旅费、会议费，职工福利费、补充养老保险费、补充医疗保险费。

（二）核算处理

试验发展类项目的其他费用的计算和费用处理与科学研

究类项目一致。其他相关费用总额不得超过可加计扣除研发费用总额的10%。

六、技术开发试验项目的委托研发费用

（一）委托研发费用的定义

委托研发费用是指一方当事人委托另一方当事人进行就新技术、新产品、新工艺、新材料、新品种及其系统的研发工作并签订技术开发合同而支付的研发费用。委托研发费用按照向受托方实际支付金额的80%计算加计扣除。可加计扣除的委托境外机构研发费用，不得超过境内可加计扣除研发费用的三分之二。委托境内机构进行技术开发试验，由受托方到登记机构进行合同认定登记；委托境外机构进行技术开发试验，由委托方到登记机构进行合同认定登记。

（二）委托研发费用预算编制和核算处理

试验发展类项目的委托研发费用预算编制和核算处理，与科学研究类项目趋同，需要强调的是，重大科技专项、重大技术现场试验项目、重大推广专项经费实行审批制度，需要单独签订技术开发合同明确委托研发内容、成本结构和数量、考核指标等内容，以利于研发费用归集有理有据。资本化经费根据投资管理办法有关规定，按投资管理权限划分由组织方或油气田企业科技管理部门组织审查。

第六章　研发费用加计扣除基础管理保障措施研究

第一节　强化加计扣除工作组织领导与沟通协调

一、明确科学研究类项目各有关部门的职责

（一）科技管理部门

科技管理部门牵头落实研发经费投入强度考核指标、组织界定本单位的研发项目。(1) 负责建立研发项目（含承担的国家、集团公司、勘探与生产分公司研发项目和企业设立的研发项目）"一本账"。(2) 所有项目要判断是否属于"三新"项目。科技项目需要提交项目计划书，依据"三新"项目鉴定操作指引，开展科技项目的"三新"项目鉴定工作，并向财务管理部门提供"三新"项目相关资料。(3) 科技管理部门科研业务岗负责科技项目立项、实施、验收，"三新"项目鉴定等工作；负责按照科技预算编制指南编制项目全成本预算，填写并上报项目成本预算明细表。(4) 科技管理部门负责提供工时记录，人事劳资管理部门负责提供人员薪酬。科技管理部门汇总各科技项目工时记录，提交财务管理部门。

（二）财务管理部门

科技项目成本核算全部实行全成本核算。（1）财务管理部门负责按照科技管理部门确定的研发项目范围开展费用归集和分类，按照可加计扣除费用类别对研发支出进行归集。（2）财务管理部门负责判断企业是否属于允许加计扣除的行业。对各项科技项目发生的费用进行会计核算，承担每年加计扣除资料的收集、整理工作，负责研发费用辅助账填报等工作。财务管理部门科技核算岗负责研发资金的使用、研发项目的核算、监督各项费用使用的合规合理性，税收核算岗负责可加计扣除费用和资料的归集、审核以及研发费用加计扣除纳税申报工作。（3）财务管理部门负责研发支出核算，包括科研机构费用和科技项目支出，并根据研发阶段区分费用化研发支出和资本化研发支出。所有项目都要判断是否资本化还是费用化，若项目既有资本化也有费用化，需要分成两行填列。若当年亏损，则预计节约企业所得税金额填0；若当年盈利，则预计节约企业金额 = 预计可加计扣除金额 × 加计扣除率 × 企业所得税税率。（4）财务管理部门负责根据人事劳资管理部门提供的人员薪酬及资产管理部门提供的折旧、摊销，定期分配人工、折旧和摊销费用。所有项目都要按照预算分解直接费用（不含外协费）、人工费用、折旧摊销费用、其他费用、外协费用。其中，若项目没有分解到人工费用或折旧费用需要备注原因，折旧摊销对象是研发而使用的仪器设备和无形资产。

（三）科研任务承担单位

承担科研任务的基层单位负责开展研发活动。负责进行工时统计时，项目负责人负责定期做好研发人员、仪器设备和无形资产的工时记录，填写工时记录表，并提交科技管理部门。

二、强化试验发展类项目组织管理责任体系建设

（一）科技管理部门

科技管理部门是试验发展类项目的归口管理部门，主要职责是：（1）负责制定和完善试验发展类项目管理的相关制度。（2）负责组织油气田企业牵头承担的A类、B类、C类、D类中试验发展类项目综合管理。（3）负责组织协调对技术开发试验的方案评估、实施监督。（4）负责组织编制和下达技术开发试验补偿经费计划。

（二）相关业务处（部）室

相关业务处（部）室对试验发展类项目进行业务指导、协调、监督。（1）工程技术、资产设备、勘探（开发）事业部负责分管业务范围内技术开发试验依托工程的设计变更审批，牵头协调项目试验条件提供单位许可及现场试验技术指导。（2）生产运行部门负责下达项目现场试验任务指令，协调试验所需资源。（3）质量安全环保部门负责项目现场试验HSE管理的指导、许可、监督。（4）财务资产部门负责组织试验发展类项目成本归集及技术开发试验项目风险补偿经费划拨。

（5）工程造价部门负责技术开发试验实施作业增加费用审查。

（三）项目承担单位

项目承担单位负责技术开发研究和技术开发试验全过程组织管理。（1）负责试验发展类"三新"项目成果申请的预评估和预审、项目现场试验工作组的组建、项目现场试验方案的编制、报批及实施。（2）负责组织归集技术开发试验经费含试验风险补偿经费和上报。

（四）项目实施单位

试验发展类项目实施单位负责执行技术开发任务指令、保障研究与试验发展（R&D）资源投入。负责写实现场试验费，在 ERP 系统创建技术开发试验配套科技项目并核销。

技术开发试验实施作业单位主要负责按照试验方案完成试验工作，落实试验过程中的各项 HSE 管理措施，按规定收集、处理试验产生的各类废弃物，写实、上报现场试验风险补偿经费。

（五）现场试验工作组

技术开发试验工作组由项目承担和试验实施单位有关领导、科技项目负责人、研究人员、技术开发作业队负责人、工程技术人员、安全人员、成本员等组成，主要职责是：（1）负责组织编制技术开发试验实施方案。（2）负责技术开发试验全过程的技术、安全、环保管理。（3）负责技术开发试验相关作业许可申请、实施、关闭等工作。（4）负责技术开发试验补偿经费计划的申请。

三、加强各职能管理部门间的沟通合作

（一）加强与地方政府相关机构工作人员的沟通联系

加强与政府相关机构工作人员的沟通与联系，在遇到油气田企业认定的相关问题时，可向地方财税部门及科技管理部门进行咨询了解。应积极关注地方科技管理部门、财税机关等官方网站所发布的加计扣除政策的文件、宣讲会、座谈会等，通过与他们的沟通，既能加强税企沟通，也能够从中准确把握税务机关执法力度，有利于明确企业研发费用管理的标准，加强研发费用的管理，降低加计扣除工作涉税风险。

（二）联合专业机构指导和促进加计扣除工作

油气田企业科技管理部门和财税管理部门对研发内容、形式予以判定，能直接判定属于可税前加计扣除的，通过专家组评审签字予以确认；对于不能直接确认的，邀请外部专家参加评审。同时，聘请有相关经验的财税机构对研发费用核算等财税事项进行指导、审核，帮助企业享受税收优惠，降低财税风险，也有利于提高油气田企业加计扣除相关管理人员业务能力。

近年来，中国越来越重视第三方权威科技机构存在的重要意义。科技部发文废除科技成果鉴定，并规定科技成果评价工作改由专业的第三方机构进行。落实研发费用加计扣除政策的过程中，要发挥第三方权威科技机构的作用，充分挖

掘科技机构的巨大价值，从而最大程度调动一切可利用的资源为激励企业研发创新的相关政策落实提供帮助。因此，对判定属于可税前加计扣除难度很大的项目，需要委托第三方权威机构完成鉴定工作，保障加计扣除工作顺利开展。

（三）处理好油气田企业与工程施工单位的关系

油田工程技术服务企业主要是为油气勘探开发与生产提供工程技术解决方案的服务性企业，主要包括：物探、钻井、井下、测井、录井、定向井、钻井液、固井、油建等企业。其中，钻井工程是油气资源勘探开发中最重要的环节和手段，钻井工程在勘探开发阶段投资中一般占比超过50%。特别是对综合性、投资规模较大的技术开发试验项目，通常与油气技术服务企业合作力度更大。因此，油气田企业应处理好与油气技术服务企业以及大学和研究机构的关系。

第二节　增强研发项目管理与技术开发合同管理水平

一、进一步加强研发项目全生命周期管理机制建设

（一）强化研发项目全生命周期管理理念

通过勘探开发形势任务宣讲、举办座谈会等多种形式，强化全生命周期管理理念的宣传普及，通过对全生命周期管理的概念、主要特点、应用方法的学习，让更多的项目管理人员和

第六章 研发费用加计扣除基础管理保障措施研究

研究实施人员了解认识到对科技项目全生命周期管理，可以提高项目运行效率和综合管理水平。从项目立项开始就对项目极其重视，将本阶段工作结果看作下一阶段的有效输入，确保项目立项的严谨、可行，项目实施的有序推进，结题验收的高标准以及成果的高水平转化。

（二）认真执行研发项目管理制度和流程

研发项目管理包括业务管理和财务管理两个部分。研发部门负责业务管理部分，并由科技、规划、人力资源等职能部门完成，主要关注项目立项、研发过程和结果产出的管理。财务管理部门则侧重于对项目立项的预算编制，研发过程的会计核算与预判，以及项目结束时的统计报告与财务考核等。在熟练掌握相关国家最新政策的基础上，业务管理与财务管理需要密切配合，以制定完善的管理制度和业务流程，辅助建立企业内控制度，在企业内部建立健全信息披露制度，完善规范化企业研发管理流程。年终决算前，财务资产组织对可加计扣除的科技项目资金进行清算。

油气田企业要严格执行集团公司和油气田企业科技项目的预算、资金、合同、采购、审批、资产及内控等相关制度，设置研发项目财务助理，定期组织项目经费审查推进会，确保科技经费合规使用。在建立内部控制体系时，需要严格遵循职责分离、授权批准、相互制衡、监督检查、成本效益等原则。如在研发物资领用流程中，需要明确领用人和领用项目，规范填写申领单和出库单，在单据上列明具体的研发项目名称、项目代码及使用途，并经项目经理确认和库管领导授权批准，材料才能出库领用。

（三）注重科技项目全生命周期管理知识培训

科技项目全生命周期管理的真正落实和顺利实施离不开高水平的管理人员。因此加强相关人员管理知识的培训，提高他们的综合素质，是切实推进油气田企业科技项目全生命周期管理工作的坚实基础。科技管理部门要与人力资源培训部门加强沟通，结合油气田企业科研生产实际，制定合理的培训计划并严格执行，努力实现相关人员管理水平有效提升。参加培训的人员除了科技项目管理人员外，还应包括所有项目参与机构的相关人员。通过邀请高校和培训机构的学者、专家，对所有人员进行科技项目计划、项目控制等方面的项目管理知识培训，使所有项目参与和相关人员都能有效掌握科技项目管理技术，使其对于科技项目的进度管理、成本管理和质量管理都有着清晰的认识，并能够充分利用所学知识，适时调整科技项目的实施进程，确保整个生命周期内科技项目各项工作顺利完成。

二、研发项目与"三新"项目鉴定一体化管理

（一）组建内部或内外部联合专家组鉴定"三新"项目

对于研发活动的判断是专业性强的业务，也是享受研发费用加计扣除政策的基础，应组织或聘请专家队伍参与研发活动

第六章　研发费用加计扣除基础管理保障措施研究

判断。"三新"项目鉴定专家队伍是油气勘探开发研发领域的内外部专家群,他们对所进行的研发活动是否具有创新性、创造性或实质性具有清晰认知,油气田企业应建立"三新"项目鉴定专家群并规范管理,对研发项目与"三新"项目鉴定实施一体化管理,组织行业专家鉴定评审勘探开发科学研究和试验发展阶段的研发项目和"三新"项目,为运用加计扣除税收优惠政策做好相关基础工作。

(二)委托能源领域中介组织鉴定"三新"项目

油气田企业可将难度很大、具有争议的研发项目委托中介组织对油气勘探开发"三新"项目进行鉴定。目前,部分能源领域中介机构都可提供专业服务,这些机构一般会聘请多个相关专业领域具有研发经验、具备判断研发活动属性的专业人员,这类机构具有第三方属性,社会公允性较强,是可以借助的中介力量,当然相应增加鉴定成本。

(三)管理人员与研发人员共同完成研发项目识别

研发费用加计扣除工作是一项技术性工作,识别研发项目是享受可加计扣除税收优惠的首要工作,对科技管理和财务人员而言,单纯从立项资料判定研发项目可否享受优惠较困难。此时就需要科技管理和财务人员先了解项目资料后,与研发人员沟通研发项目技术目标、技术内容、技术路线和方法、项目创新性等情况。通过研发人员的参与,管理人员可以更直观地感受研发活动的内容,再结合不可加计扣除研发活动、研发活动定义的税收规定，为识别可加计扣除的研发项目提供理论和实践支撑。

三、强化技术开发试验项目实施合同风险管理

（一）提高技术开发试验项目实施合同管理意识

技术开发试验项目实施合同是项目实施得以顺利进行、确保技术开发任务圆满成功的保障和基础。技术开发试验项目风险存在于所依托的工程项目全生命周期实施中，技术开发试验项目实施合同风险控制贯穿于合同谈判签订前、合同谈判签订阶段、合同履行实施阶段的整个过程。只有有效地规避和防控风险才能使其发生的概率和导致的经济损失降到最低，需要通过多举措防范风险，如风险回避、风险预防、风险分隔、风险自留等。

在保障国家能源供应安全体系建设中，技术开发试验项目目实施任务越来越重，参与施工单位越来越多，如何防范技术开发试验项目实施合同的风险，降低项目风险成本，尤其在本单位承担的"急难险重"等技术开发试验项目实施任务时，更是值得认真思考研究的。因此，在油公司体制条件下，承担技术开发试验项目的单位更应增强市场意识、法律意识、合同意识、管理意识、经济效益意识，更关键的是要增强技术开发试验项目合同风险意识并学会科学地防范和控制方法，建立完善合同评审审查制度，提高合同风险全程监控的管理

水平。这样才能最大限度地维护自己的合法权益,避免和减少经济损失。

(二)加强技术开发试验项目实施合同风险预测、分析、评价

技术开发试验项目实施合同风险是客观存在的、可能会带来损失的、不确定的风险,具有客观性、损失性、不确定性3个特性。风险虽然可以预测,但这种预测不是主观的、简单的,需要掌握有关知识、调查采访、参阅有关资料、熟悉法律法规科学地进行风险分析。风险预测后,要通过分析和评价测定风险量级,做出处理风险结果的评审。

只有不断提高合同风险管理水平,建立健全技术开发试验项目合同的起草、洽谈、评审、签订、交底、任务分配、责任划分、履约检查、变更、补充、解除、终止等内容的合同管理制度,逐步建立起规避技术开发试验项目合同风险的合理机制,才能有效地降低、规避、转移项目合同风险,维护自身在项目实施中的合法权益。

(三)提高技术开发试验项目实施合同合规管理力度

合同管理工作是油气田企业维护权益、获取利润和降低风险的重要保障,应提高技术开发试验项目实施合同合规管理力度。在油气田企业工程项目的招标、定额造价、结算管理全过程管理中:(1)含有技术开发试验项目内容的工程项目,其承担单位在完成研发项目开题设计审查,签订计划任务书后,应尽快组织与受托方签订技术开发补充合同，而不是签订技术服务合同。（2）准确界定工程项目中研发合同的工作范围，注意工程项目的变更，对合同管理方面不公平行为进行有效抑制。（3）在工程项目总费用不变的情况下，在总项目合同中明确研发内容以及子项目或课题，属于合作开发还是技术引进或购买，明确分解研发属性，准确划分研发比例，还原工程项目中属于油气田企业研发经费投入。

进一步完善技术开发试验项目的索赔制度。对于能够预测到的风险，在谈判和签订技术开发试验项目合同时进行了规避和防控，但在技术开发试验项目合同履行过程中还存在很多不可预测的风险，是造成经济损失和工期损失的风险源，风险造成的原因各不相同，承担的风险主体也不相同，双方承担的风险和损失也不同，双方为降低自身的损失均可运用索赔方式，这就要求学会科学的索赔方法，技术开发试验项目也同样重视索赔。

第三节　加强研发项目全成本管控的配套机制

一、提高研发项目全生命周期成本管理水平

（一）提高研发费用全面预算管理意识与预算能力

为确保油气田企业研发费用加计扣除工作顺利进行，要加强研发费用的全面预算管理工作。研发费用预算是企业对研

第六章　研发费用加计扣除基础管理保障措施研究

发活动战略思想和规划的具体体现，是对研发活动各种资源配置的一种规划。预算管理可以促进财务管理部门和研发部门的沟通交流，可以触及到研发活动相关的各个角落，对其进行监督、控制和评价，对研发项目不规范的活动进行及时调整，保证研发项目各项目标的不断提高和优化。因此，油气田企业要提高研发费用预算管理意识，建立研发活动的预算环境，通过引进知名专家到企业进行预算管理体系培训、参加预算管理讲座培训等，加强预算管理新知识新技能学习，为提高预算编制精准性奠定基础，提升研发项目成本预算质量。

（二）加强研发项目成本分配与核算意识

2020年12月，国务院国有资产监督管理委员会下发了《关于做好2020年度中央企业财务决算管理及报表编制工作的通知》（国资发财评〔2020〕79号），要求规范会计核算和数据统计，做好全面执行新修订会计准则的准备工作，切实加强财务决算工作组织，深化拓展财务决算功能作用，特别提出要严格界定统计范围，科学统计研发经费投入，真实反映研发经费投入情况。因此，油气田企业要建立完善研发经费投入核算统计制度，统一规范研发支出会计核算和科技支出、研发经费投入指标统计口径，严格区分研发支出和生产经营成本费用，合理归集分配非专职人员人工成本、非专用资产折旧摊销等公共支出，严格按照《企业会计准则》要求，规范研发支出资本化和费用化核算，确保相关数据真实可靠。油气田企业要加强协作，认真研究梳理行业共性问题，探索制定归集、核算和管理的共性标准。

（三）加强研发费用内部监督

油气田企业要充分发挥监督合力，科技、财务、内审等部门要将企业研发活动规范性、内控制度执行有效性和相关数据指标质量作为重点监督检查内容，要组织开展研发项目投入产出效果评估，确保企业研发过程规范有序，研发经费投入真实有效，经得起质量和时间检验。特别是企业内部审计部门应及时加强对重大科技专项研发费用的审计，以规范企业研发费用支出的合理性，有效控制研发费用支出的规模、进度和支出质量，避免重大问题的出现。

二、加强技术开发试验项目全成本管控配套措施

（一）提升技术开发试验项目全生命周期管理水平

油气田企业应强化技术开发试验项目全生命周期评价，对工程项目中技术开发试验项目进行研发项目的认证、考评、确认或淘汰等全流程研发管理。（1）加强科学研究类和技术开发研究项目统筹管理。（2）健全完善项目后评价机制。围绕生产应用效果和科技管理水平提升，针对不同属性项目分层级建立后评价机制。（3）健全成果转化应用体系。负责组织审查和审批全生命周期研发项目管理方案，编报研发项目批次建议计划，按照工程项目投资计划对研发项目实施进行指导、监督、

检查、考核等。

（二）强化技术开发试验项目全成本预算管控

加强技术开发试验项目全成本核算职责落实。按照技术开发试验项目合同的经费预算，日常业务根据业务实质和项目成本预算，由财务管理部门直接计入项目成本；管理费由财务管理部门根据年终公共费用按照合理分摊依据归集入项目成本；人员费和折旧费由财务管理部门根据匹配后数据计入项目。

配置技术开发试验项目成本经理。成本经理主要对项目实施过程中成本管理负责，包括预算使用效率和效果，监控财务资源使用情况，对执行偏差进行分析，对支出的合理性和规范性负责；确保预算执行与项目开发进度吻合，避免财务资源多个项目间混用；负责项目组成员考勤管理，定期审核项目支出台账，负责向财务会计部门和业务需求部门报告预算执行情况。

（三）加强技术开发试验项目成本补偿管理

技术开发试验"三新"项目现场试验造成误工、停工、降低作业时效等增加成本，应由工程项目施工单位给予现场试验实施作业队补偿，造成评优指标等受到影响的其他情况，现场试验实施单位在考核时要综合考虑。

重大科技项目的现场试验补偿，由现场试验工作组依据写实的现场试验费用，提交项目承担单位审查，不足部分可以向工程项目施工单位提出补偿申请，油气田企业参照钻井日费、邻井正常指标或片区平均指标等标准，审批确定追加科技项目经费计划。其他科技项目现场试验补偿，由项目承担单位审批执行。

坚持技术开发试验项目全成本预算与核算，做到实时反映研发支出，避免事后分摊，为加计扣除备案备查作好准备。技术开发试验项目承担单位应充分利用、针对研发项目有理有据编制相关预算。同时，应充分考虑科技项目性质，如生产应用技术项目、重大技术开发试验项目、先导技术试验项目类科技项目，可结合项目研究目标和工作任务，根据实物工作量，合理编制经费预算，并做必要性说明。强化科技项目现场试验过程管理，科技项目"三新"项目现场试验实施方案及试验报告等全过程资料导入科技管理系统纳入项目季度考核，并作为结果性资料的支撑依据。

（四）建立技术开发试验项目预算与核算管理数据库

油气田企业需要加强和完善研发成本管理的信息化建设，可以通过信息系统的建立和完善来监督绩效考核，减少人为工作量及相应的误差。构建科研管理、财务信息共享平台，形成一套研发项目成本全面绩效管理信息系统。信息化平台可以汇总业务的研发项目及实际数据，提高数据准确性、完整性和及时性，为项目数据信息的整合和分析提供支撑，有利于全程监督、反馈和考核。

根据技术开发试验项目预算管理数据的记录，分析企业的资金投入量、技术开发试验项目的规模、研发方向、研发目标及绩效；更为重要的是，要通过研发预算执行系统，随时记录研发过程中产生的数据，并及时借助研发预算控制与调整系统，在运行中设立合理的参数范围，对预算编制进行控制，减少失误，而且应该将研发预算分析与考核系统相衔接，项目完成后对研发结果进行初步考核，分析科研人员的绩效成绩。

第四节　强化加计扣除人才队伍建设和政策把控

一、强化油气田企业财会人才队伍建设

（一）提高油气田企业研发项目管理和财务管理水平

企业应完善自身财务核算制度，规范研发项目的管理。财务人员应该积极参与项目的立项和预算环节，财务人员和研发人员及时沟通，完善研发项目辅助账的建立与归集工作，研发活动较多、投入较大的企业可以设置专人负责研发项目的归集，并随时与财务管理部门和研发部门做好对接工作。由于研发活动设计的费用支出项目众多、费用繁杂，不了解该领域的人可能难以做到正确的费用归集，企业可以适时引进或培养跨领域人才，并同税务部门、科技管理部门做到及时沟通、事前咨询。

（二）加强对财会工作人员的培养

油气田企业研发费用的核算与管理离不开财务核算人员和管理人员的努力。从研发项目的调研、立项、核算、设计、试验、成果转化饱含着财务核算人员和管理人员的智慧和努力。对于立项时间的确定、研发支出的费用化和资本化时点的确认、研发支出凭证体系的设立、费用的分摊、分项目的核算、前期预算的把控、核算期间的预算调整、最后的国家税收优惠政策的享用等都离不开财务核算人员对会计准则及税法的掌控。研发过程中需要管理人员完善内控体系，研发的试验、成果的转化都需要管理人员制定适合企业发展的规章制度，保障研发项目顺利进行。

因此，油气田企业加计扣除相关人员也应主动学习最新的财务会计政策和国家税收优惠政策，综合享受各项税收优惠，进而对研发费用归集、研发活动范围等问题进行正确界定。加强财务专业人员的专业技能提升和道德品质的培养，能够有效减少研发及税收风险，为研发项目顺利进行做好后勤服务。

二、强化对加计扣除动态政策掌握

（一）相关人员应加强财税政策学习

相关人员应加强财税政策学习，及时更新财税知识，提高业务处理能力。例如，在实际工作中，企业因研发活动取得政

第六章　研发费用加计扣除基础管理保障措施研究

府补助，财务核算上选择不同的处理方式对研发费用加计扣除影响不同。油气田企业应配置加计扣除管理机构或岗位，时刻关注或留意税局、财政、经济新闻等各大网站和经济媒体，留意各税收新政策发布和有效期限，及时同步信息，让企业不脱离税法实际，从而降低企业纳税成本。作为企业财务管理部门，当新的税法发布时，要引起高度重视，结合油气田企业的实际情况，进行纳税风险的评估，做好会计准则和税法的对接，及时向企业有关部门和政府相关部门做好沟通，强化税收风险防范意识。

（二）充分研读政策，持续优化加计扣除工作管理细则

充分研读政策，制定完善的科技项目及经费管理制度，严格执行从课题立项到结题等各个环节的内部控制流程，由财务管理部门牵头，协调科研、生产、劳资、直接参与课题的研究部门，为税收优惠政策提供准确、完整的数据和材料，包括研发项目计划书和预算，研发项目研究人员名单，研发过程中委托项目合同及备案资料，研发项目的效用情况说明、研究成果报告，参与研发项目的人员、设备、无形资产使用工时记录及相应计提的人工、折旧摊销成本，所有财务报销核算资料的复印件等。

编制下发《油气田企业研发加计扣除操作指南》，明确具体操作流程，形成研发费用加计扣除工作的依据和标准，对研发费用加计扣除实务工作的开展进行指导。

第五节　积极开发和利用加计扣除管理信息系统

一、建立研发项目信息化管控系统

（一）搭建全生命周期管理信息平台

油气田企业科研项目的全生命周期管理离不开必要的信息平台，而且项目之间的近似性、相通性也便于充分发挥信息平台的高效畅通作用。广义而言，全生命周期管理平台的搭建可以分为线下和线上两个层面。立项评审会、项目招标会、中期评估会、结题验收会、成果评奖鉴定会等活动为全生命周期管理的线下平台，通过线下平台，能够实现项目成员、管理人员及相关人员的定期信息交流与沟通。同时，项目经理主管还可以借助电子化管理手段，依托建立的项目管理信息系统，运用网络技术和数据库技术，搭建全生命周期管理的线上平台，实现各利益相关者的随时、在线交流。此外，在项目立项、中期评估、结题验收、成果转化等各个阶段，利用项目经理信息库、评审专家信息库等库存信息，对人力资源、技术共享资源、设备资源、财务资源等进行科学配置，实现资源的全生命周期高效利用。同时，对于以往项目的大量数据、成功经验和失败教训，都可以在线上平台数据库中加以体现，为科技项目全生命周期中各个阶段的决策提供依据与借鉴。

全生命周期管理本身具有系统化、动态化的特征，要求每个项目的立项、实施、结题验收和成果转化等各个阶段之间彼此衔接，注重反馈与优化，确保项目能够实现预期目标。在项目运行过程中，相关部门还要注意收集项目组和有关人员对全生命周期管理的意见和建议，及时修改完善相关制度，优化工作流程，使全生命周期管理方案能够真正得以实施。

（二）加大加计扣除政策研发费用计算口径管理

企业可以通过编号为不同的研发项目命名，按照编号顺序收集整理项目资料，确保材料保存完整。同时，研发部门要做好研发项目的相关记录，对研发项目的预算、支出、预期验收时间、研发项目小组成员、仪器设备使用情况等等信息都要进行汇总，以便对接财务管理部门，使财务管理部门及时根据研发项目进程做好研发费用的归集及无形资产的结转，提高会计信息准确度。

依据实际情况优化研发费用核算与管理信息系统，通过系统平台完成费用核算与管理，构建独立的数据库，设置工作人员权限，提高项目研发费用数据的精确性。完善企业研发费用核算管理系统，尽量包含绝大部分的研发费用支出范围。

（三）增强研发项目投入数字化管理水平

油气田企业研发项目是进行研发活动的基本组织形式，研发经费投入按项目进行费用归集和统计，应规范研发经费投入统计工作和技术开发合同网上登记。科技管理部门负责界定统

| 研发费用加计扣除基础管理体系构建——以油气田企业为例 |

计范围、鉴定研发项目，财务管理部门负责按照科技管理部门确定的研发项目范围开展费用归集和分类，研发经费投入数据由各单位科技管理部门和财务管理部门共同审定。最大化促进资源要素及技术开发试验项目立项、成果、管理模式、外协团队选择等信息在多单位间共享，避免重复立项，促进技术交流。

加强信息共享，加快研发项目数字化协同平台建设。利用云计算、物联网、大数据、人工智能等信息技术，应用项目管理平台及其软件，重点围绕勘探、开发、生产、集输、生产辅助、质量安全环保6项业务领域相关智能油气田云平台为基础，做好技术开发试验项目信息的收集和整理工作，重点做好合同、设计修改通知单、会议纪要的保管和整理工作，帮助技术开发试验项目成员制订任务、管理资源、进行预算和成本控制、跟踪项目进度，实现资源的动态控制。建立全生命周期技术开发试验项目管理月报、季报、年报制度。

建立广泛的油气田企业内外部信息交流机制。应积极开展国内外科技合作与交流，进行开放式科研；加强研究与试验发展（R&D）部门与其他部门的协作，保证技术成果向产品化、商品化顺利转移。油气田企业加快实施技术创新战略和技术制胜战略，拥有并不断开发优势技术，掌控核心技术，把握机遇，才能在激烈的勘探开发市场竞争中不断向前发展。

第六章　研发费用加计扣除基础管理保障措施研究

二、加强研发项目的单据、账册、表格的管理

（一）增设优化研发费用支出辅助账样式

研发费用加计扣除认定时，按照细化的研发费用项目各自汇总到研发费用加计扣除辅助账中即可。根据国家税务总局发布的最新辅助账样式，研发费用加计扣除过去的"4张辅助账+1张汇总表"已经被简并为"1张辅助账+1张汇总表"。

研发支出辅助账是以企业的财务核算为基础进行填写的，因此，解决辅助账填写难的问题，应在财务核算阶段就早做准备，为填写辅助账打下好的基础。建议从以下几方面进行准备和优化：一是按照辅助账的颗粒度设置会计明细科目。辅助账要求分项目编写，且填写费用类型的最大颗粒度为能够区分6类费用。因此在财务核算阶段，应至少设置研发项目和6类费用类型的明细科目。二是对存在税费差异的研发费用进行标记。

特别要注意的是，新版辅助账的出台并没有废除旧版辅助账，而是企业可以根据自身情况，选用适合自身的辅助账类型。调整"其他相关费用"限额计算方法。企业同时开展多项研发活动的，不再需要针对每一个研发项目分别计算"其他相关费用"限额，而只需要合并计算全部研发项目的限额。最终取全部研发项目的限额与实际发生额孰小者为税前加计扣除额。

（二）加强研发费用加计扣除备案管理

根据最新政策，油气田企业应根据自身研发活动的费用发生情况自主申报，相关资料留存备查。由于企业要留存会议纪要、研发合同等资料备查，可能涉及多个部门负责保管，如果各部门缺乏沟通，会增加财务管理部门申报时的工作量，甚至会因为资料的缺少，不能享受到政策的优惠。因此，申报资料具有特殊性，需要财务管理部门、科技管理部门、课题参与单位的紧密配合。

为了做好研发费用加计扣除，研发项目立项时，要准备好加计扣除所需要的材料：开题设计报告、科研"三新"项目评价表、科研"三新"项目专家鉴定审查表、专家论证意见（"三新"结论）、计划任务书。具体备查要求内容：（1）自主、委托、合作研发项目计划书和企业有权部门关于自主、委托、合作研发项目立项的决议文件。（2）自主、委托、合作研发专门机构或项目组的编制情况和研发人员名单。（3）经科技行政主管部门登记的委托、合作研发项目的合同。（4）从事研发活动的人员和用于研发活动的仪器、设备、无形资产的费用分配说明包括工作使用情况记录。（5）集中研发项目研发费用决算表、集中研发项目费用分摊明细情况表和实际分享收益比例等资料。（6）"研发支出"辅助账。（7）企业如果已取得地市级含以上科技行政主管部门出具的鉴定意见，应作为资料留存备查。（8）省税务机关规定的其他资料。

（三）强化加计扣除资料档案管理

根据《企业所得税优惠政策事项办理办法》中相关规定，企业在实务中需要自行判别、申报享受、相关资料留存备查。备查资料应从企业享受优惠事项当年的企业所得税汇算清缴期结束次日起保存 10 年。油气田企业在享受政策优惠时，必须向税务机关履行备案手续，且对于留存备查资料企业需要妥善保管，以便相关机构后续核查工作。

研发费用加计扣除审核、申报及留存备查资料。技术部门在每年 1 月 31 日之前，将上年度发生研发费用的研发项目《项目申报书》《计划任务书》、项目完成情况说明（或结题报告）、从事研发活动的人员和用于研发活动的仪器、设备、无形资产的费用分配说明（包括工作使用情况记录）以及研发项目各项获奖证书等资料传递到财务。财务管理部门根据审核完成的研发支出辅助账，分项填列"研发支出辅助账汇总表"和汇总填列"研发项目可加计扣除研发费用情况归集表"，并在企业年度所得税汇算时完成研发费用加计扣除申报相关工作。

依据《关于企业研究开发费用税前加计扣除政策有关问题的公告》（国家税务总局公告 2015 年第 97 号）准备申报材料，并对申报资料进行归档保存，备查资料的整理、归集等工作需要在年度纳税申报前完成。油气田企业应该提升自身档案、资料管理水平，以保证企业留存资料的真实性、完整性与准确性，避免因企业自身资料、档案管理不当，造成资料损坏、遗漏、丢失等后果,对企业资料档案备案登记造成影响;若企业存在备案资料不完整情况,税务机关会追补企业加计扣除的税款,并收取滞纳金,影响企业声誉与享受优惠政策的权利。

第六节 建立研发费用加计扣除绩效评估与激励机制

一、建立加计扣除工作绩效考评机制

(一)建立加计扣除工作绩效评估体系

建立客观、公正、全面的加计扣除工作绩效指标评价体系,便于对加计扣除目标执行情况和成果进行考核。明确油气田企业研发费用加计扣除工作总目标,细化具体目标,结合实际情况和科技发展战略合理构建加计扣除工作绩效指标体系。绩效考核指标设置要有全面性,需要充分考虑定量、定性等因素,设置多维度、多层次指标和权重。科学匹配研发项目、研发经费管理、研发经费投入强度、加计扣除工作绩效等考核目标,指标设置包括:(1)研发项目管理指标。(2)研发项目成本管理。(3)加计扣除基础工作。(4)加计扣除节税额。(5)研发费用加计扣除比例等多维指标,这些指标要符合标准化设置要求,能适用于研发类型,同时要具有可理解性和可比性。其次,绩效考核指标设置要有科学性、实用性和可行性研究，保证加计扣除工作目标与绩效考核相匹配、相融合。

（二）建立加计扣除工作考核机制

油气田企业应制定加计扣除工作管理指标，在加计扣除全流程工作过程中，借助信息化工具，对各种研发费用进行动态监控，如指标低于临界值，结合研发活动，及时进行调整，真正发挥绩效管理对加计扣除工作的指导作用。围绕研发费用加计扣除数据、指标执行结果分析，在与实际业务相结合的基础上，定时合理修正相应指标。绩效考评的最终指标可以进行差异性分析，也可以相互比对，分析差异原因，以利于分出各单位加计扣除工作绩效考评结果之间的优劣。

建立适当的绩效考核评价制度。研发项目考核制度在油气田企业中有着举足轻重的作用，合适的考核制度能成为提升企业科研水平，增强企业高效研发产出的有力"催化剂"。制度应主要着重从成本费用、效益预估以及转化效率3方面进行绩效评测，基本能涵盖研发项目的主要进程，为参与项目人员的个人职责进行有效的制度规定，也为当下的项目评估及后续的投资决策提供切实的数据参考。

二、多举措有效激励加计扣除工作

（一）加计扣除工作指标列入单位年度考核体系与表彰

中国加计扣除政策体系处于一个不断完善的过程中，限制越来越少，优惠力度越来越大，可享受的企业范围也越来越广。将研发费用加计扣除政策落实情况纳入考核体系，有助于充分发挥加计扣除工作者的主观能动性。例如，（1）在加计扣除提取的比例中提取一定金额作为相关人员的额外奖励激励。（2）现场试验实施单位应列入该科技项目参与单位，对试验作出贡献的试验人员应纳入科技项目奖励发放和科技成果奖励申报范围。（3）加计扣除工作列入年度财税工作先进表彰。

（二）建立促进加计扣除工作专项经费

根据研发经费投入总额和研发经费投入强度指标情况，下达年度加计扣除工作的专项经费，主要用于与相关方沟通协调、加计扣除工作研究等工作经费，以保障加计扣除基础工作建设。

工程造价定额中规定工程直接费的一定比例作为科技进步发展费，按照定额标准："科技进步发展费指开发新产品、新技术等发生的设计、制造、试验、推广等费用，按0.5%费率计取。"尽管定额标准是0.5%，市场化定额为1%，但目前工程合同费用中的科技或研发经费投入，并没有被认可和统计。建议用好工程造价定额中科技进步发展费，将其作为促进技术开发试验项目加计扣除的工作经费。

参考文献

[1] 石中和. 应用技术类科技成果评价及指标体系研究 [J]. 北京交通大学学报（社会科学版），2007（3）：54-58.

[2] 徐苑琳，孟繁芸. 推进科技成果转化的技术预见研究 [J]. 科学管理研究，2018，36（5）：42-45.

[3] 刘跃珍，张新民. 中国石油基于价值的战略管理会计创新实践 [J]. 中国管理会计，2020（4）：90-111.

[4] 李仲，任丽梅，邹晓琴，等. 中国油气企业天然气战略成本管理创新 [J]. 天然气工业，2018（5）：140-147.

[5] 辜穗，蒲蓉蓉，姚莉，等. 油气企业科研完全项目制管理的制度框架与路径思考 [J]. 天然气技术与经济，2020，14（1）：74-79.

[6] 任丽梅，辜穗，高卓月，等. 基于财务恒等式的致密气开发提质增效思路与途径 [J]. 天然气技术与经济，2020，14（5）：66-72.

[7] 任丽梅，王智雄，鲍思峰，等. 油气田企业科技投入管理创新的思路与路径 [J]. 中国总会计师，中国总会计师，2021（8）：162-163.

[8] 任丽梅，王隽，杨利平，等. 油气田企业科技创新管理会计体系建设的思考 [J]. 天然气技术与经济，2021，15（3）：74-79.

[9] 张桢钰，吴杰，赵启文. 石油行业研发经费投入统计与会计核算衔

接探究[J].财会通讯,2022(5):102-107.

[10] 王顿.基于全生命周期的科技项目管理研究[D].北京:华北电力大学,2016.

[11] 戴梁.基于全生命周期管理的科技项目管理探究[J].华东科技,2021(7):68-71.

[12] 张慧.全生命周期成本管理在企业中的应用策略[J].活力,2022(16):157-159.

[13] 王晓帅.企业科研项目全生命周期管理模式[J].港口科技,2021(4):38-41.

[14] 郑学超.基于全生命周期的H油田勘探院科研项目管理研究[D].北京:中国石油大学,2015.

[15] 王富平.财务共享中心项目建设风险管理的有关探索[J].财经界,2021(1):133-134.

[16] 李倩云,吴杰.石油企业勘探费用的确认与计量方法探讨[J].财务与会计,2018(13):80-82.

[17] 任丽梅,鲍思峰,谢建军,等.中国石油实施低成本战略的思路与途径[J].天然气技术与经济,2016(6):58-61.

[18] 孟思.研发费用投入与核算问题浅析[J].行政事业资产与财务,2019(6):72-73.

[19] 孙晓龙.企业研发费用会计核算及管理问题研究[J].会计师,2018(4):9-10.

[20] 刘宏,李昊,赵亦江.大数据技术运用于油气田物探、钻井系统工

程投资成本分析的思考[J]. 天然气技术与经济，2019（2）：72-74.

[21] 康艳红. 高新技术企业研发费用加计扣除核算问题探析[J]. 中国集体经济，2019（35）：120-121.

[22] 邵珠娟. 大型企业科研经费预算绩效管理问题研究[J]. 财经界，2020（17）：46-47.

[23] 冯志芳. 高新企业研发经费核算模式的构建与应用探析[J]. 中国市场，2011（1）：80-82.

[24] 张琬. 科研项目全成本管理模式研究[J]. 中小企业管理与科技（中旬刊），2019（2）：41-42.

[25] 刘辉锋，王雅利. 企业研发经费投入强度指标探析[J]. 山西科技，2017，33（3）：112-114.

[26] 洪本云. 科研项目成本会计体系构建[J]. 新会计，2020（10）：47-49.

[27] 姜子昂. 关于我国天然气企业智库体系建设的思考[J]. 天然气技术与经济，2018，12（6）：16-20.

[28] 傅诚德. 科学方法论及典型应用案例[M]. 北京：石油工业出版社，2017.

[29] 贺清君. 绩效考核与薪酬激励整体解决方案[M]. 北京，中国法制出版社，2014.

[30] 胡勇，姜子昂，何春蕾，等. 天然气产业科技创新体系研究与实践——以西南天然气战略大气区建设为例[M]. 北京：科学出版社，2015.

[31] 贾康.科技投入及其管理模式研究[M].北京：中国财政经济出版社，2006.

[32] 李友华，韦恒.科技成果推广转化绩效评价理论与方法研究[M].北京：中国农业出版社，2008.

[33] 许秀梅.企业技术资本配置与价值驱动策略研究[M].北京：中国财政经济出版社，2016.

[34] 中共中央文献研究室.习近平关于科技创新论述摘编[M].北京：中央文献出版社，2016.